OLIVER TONIO STOLL

DAS GEHEIME DEUTSCHE ERBE

DIE AKTE UFO

ISBN: 978-3-87249-374-3

Artikelnummer: 1096

Carl Gerber Verlag GmbH Lilienthalstraße 19 85296 Rohrbach

Haftungsausschluss:

Die Autoren und die Carl Gerber Verlag GmbH haben alle Informationen und Bestandteile dieses Werkes nach bestem Wissen zusammengestellt. Dennoch haften sie nicht für die Vollständigkeit, Richtigkeit, Aktualität und technische Exaktheit der in diesem Werk bereitgestellten Informationen.

1. Auflage 2019

INHALTSVERZEICHNIS

DER AUTOR

Óliver Tonio Stoll

Liebe Leserin, lieber Leser,

Mein Spezialgebiet ist die Marinerüstung 1860 bis 1945. Dazu Geheimdiensttätigkeit im Allgemeinen, speziell die Kryptographie. Ich beschäftige mich mit seit 35 Jahren mit dieser Thematik Militärgeschichte.

Was hat mich bewegt die aufgeführten Ereignisse in diesem Büchlein zu hinterfragen und daraus einige logische Schlußfolgerungen zu treffen.

Nun, das ist erst mal ganz einfach, für mich und viele andere meiner Generation war die Galaxie doch unser Hinterhof. Ich bin aufgewachsen mit Raumpatrouille, Raumschiff Enterprise, Invasion von der Wega, der englischen Serie UFO mit Ed Bishop und Michael Billington in der Hauptrolle. Mit dem A-hui, A-hui der fliegenden außerirdischen Zuckerdosen. Perry Rhodan Romane am Kiosk, ist die Woche schon um? Die Taschenbücher der Romane von dem allzu früh verstorbenen Karl-Herbert Scheer habe ich bis heute aufbewahrt. Wobei ich sagen muss, dass Scheer einen bemerkenswerten Realismus in seinen Werken pflegte. Das brachte ihm zwar den Namen Handgranaten-Herbert ein, aber sei's drum. Das war bei den Amis noch viel schlimmer. Seit Stargate ist sogar unsere Galaxis zu klein. Also im Umkehrschluss, der beste Platz eine Nadel zu verstecken ist im Heuhaufen. Oder der sicherste Platz für einen Gangster ist in der Nähe der Polizei.

Aber wir haben nun mal ein Phänomen, Vorkommnisse und Sichtungen über Jahrzehnte, die niemand einordnen konnte, wollte oder durfte. Diesen auf den Grund zu gehen war mein Antrieb und Leidenschaft. Das Heu zu sortieren und die Nadel zu finden.

Ich näherte mich der Akte UFO über die Auflistung der Projekte und deren Indentifikation sowie über die Geschichte des 3. Reichs bis zur Neuzeit.

Mein Bestreben war eine miltärgeschichtliche UFO-Analyse in Verbindung mit der UFO-Logie zu erstellen und Begründungen, Fakten sowie Szenarien für das gewesene und Zuküftige zu entwickeln.

im Mai 2019 Oliver Tonio Stoll

PROLOG

Unidentifizierte fliegende Objekte! Außerirdisches Leben, fremde Wesen aus dem Weltraum. Das Thema hat Generationen bewegt. Es hat polarisiert. Dafür sind Menschen für verrückt erklärt worden, andere bezeichnen es als Blödsinn und so weiter.

Nun zum Thema. Zur Militärgeschichte gehört nicht nur der Krieg zu Lande zu Wasser und in der Luft. Dazu gehört auch das Sanitätswesen, die Logistik, die Einführung und Erprobung neuer Waffen. Spionage, deren Abwehr, der Partisan, der „Agent provocateur", der Saboteur. Die Verschlüsselungsexperten und die Wissenschaftler und Forscher tätig für die Entwicklung geheimer, neuer Techniken. Für den Soldaten, der mit der Waffe in der Hand im Feld steht ist dieser Themenbereich zumeist verborgen. Was hinter den Kulissen der Kriegführung abgeht ist geheim, strengstens geheim! Ich kann ihnen da ein gutes Beispiel nennen. Der zweite Weltkrieg.

Gehen wir mal 80 Jahre zurück. Die Schlacht im Kursker Becken 1943, auf die Minute war der Angriffsplan den Russen bekannt.

Die Rückkehr des Hilfskreuzers Atlantis im Jahre 1940. Dem englischen Kreuzer war bekannt, dass das gut getarnte Schiff der deutsche Raider mit über 30 gekaperten und versenkten Alliierten Handelsschiffen war. Aus sicherer Entfernung versenkt. Diese und noch einige andere Rätsel nannte man wohl schon damals Verschwörungstheorie. Bis ein bescheidenes Büchlein mit dem Titel „Aktion Ultra“ erschien. Es beschrieb die Geschichte der englischen Funkentschlüsselung in Bletchley-Park. Nach und nach haben dann der eine oder andere der beteiligten Entschlüsselungsexperten ausgepackt.

Heute ist Bletchley-Park ein Museum und der Umfang der englischen Kryptoanalyse bekannt. Selbst das einstige „Rätsel Rudolf Roessler“ ist keines mehr. 43.000 entschlüsselte deutsche Funksprüche allein 1943. Das spricht eine deutliche Sprache. Es war kriegsentscheidend. Die Tatsache aber, dass die in dieser Entschlüsselungsfabrik tätigen 10.000 Leute 30 Jahre lang den Mund gehalten haben, solange bis ihr damaliger Chef ein Buch geschrieben hat. Das ist eine Tatsache für sich.

Auf diesem nunmehrigen Wissen aufbauend wäre es nicht verwunderlich, wenn die englische Seite Kenntnis über die allergeheimsten Nazi-Projekte erlangt hat. Darauf aufbauend wäre das amerikanische Interesse an diesen geheimen Projekten leicht erklärbar, also „Germany first". Dieser darauffolgende Beutezug ist ein einmalig in der Weltgeschichte. Mit ein wenig Ironie sagen wir jetzt also, die „Ufologen“ spinnen und die Militärgeschichtler sagen sowieso was ich nicht erschießen, torpedieren, abschießen oder erschlagen kann das gibt es nicht.

Und die Geheimdienstleute sind auch suspekt, will ich nichts damit zu tun haben. Das wäre eigentlich der richtige Nährboden für Theorien um unheimliche Lichter und fliegende Objekte und geheimnisvolle Erscheinungen rund um den Erdball. Was macht denn der Kriminalist, der einen Mordfall zu klären hat und weder Ufologe noch Militär ist.

Er sucht nach Beweisen. Er vernimmt Zeugen und er sucht nach einem Motiv. Eine Verschwörungstheorie ist doch nichts anderes als ein Motiv in einem Fall der noch nicht geklärt ist. Also begeben wir uns doch auf Spurensuche und finden heraus an Hand von Zeugen, Berichten und Schlussfolgerungen was es mit der Akte UFO auf sich hat.

Denn Zeugen und Spuren sind genügend hinterlassen worden wie wir später noch sehen werden. Mehr als genug um Licht in die Sache zu bringen. Was ich nicht zu beantworten vermag ist die Tatsache warum ist in all den Jahren noch niemand auf den Gedanken gekommen ist, die Vorfälle zu analysieren und zu vergleichen. Schlüsse daraus zu ziehen und Theorien zu entwickeln.

Berichtet wurde ja jede Menge, denn interessant ist die Sache allemal für alle Teile der Bevölkerung. Nun gut gehen wir auf Spurensuche, hören wir die Zeugen, machen wir uns auf die Suche nach dem geheimen deutschen Erbe. Setzen wir dieses Puzzle, das wir im Mülleimer der Geschichte gefunden haben zusammen, auch wenn einige Teile fehlen.

Rohrbach, im Mai 2019

DIE LETZTEN RÄTSEL DES 2. WELTKRIEGES.

Es geht Abwärts im 3. Reich – Adolf Hitler mit Eva Braun

Obwohl eine lange Zeit seit den letzten Tagen des 3. Reiches vergangen ist und ein Zeitzeuge nach dem anderen nicht mehr bei uns ist, so ist uns die Zeit doch noch in Bildern im Fernsehen lebendig. Nicht zu vergessen die Erzählungen unserer Eltern. Meine Mutter musste Anfang 1945 aus Schlesien fliehen, mit ihr meine Großmutter und mein einjähriger Bruder. Am brennenden Dresden vorbei mit dem letzten Zug nach Bayern. Der Bruder meiner Großmutter war Eisenbahner, seine Worte waren „...ich setz' euch in einen Zug nach Bayern, je weiter nach Westen desto besser." Zusammengepfercht in einem Güterwaggon ging es am brennenden Dresden vorbei unter den alliierten Bombern hindurch nach Bayern, weg von der roten Armee. In diese Zeit der letzen Tage des tausendjährigen Reiches müssen wir uns zurückversetzen.

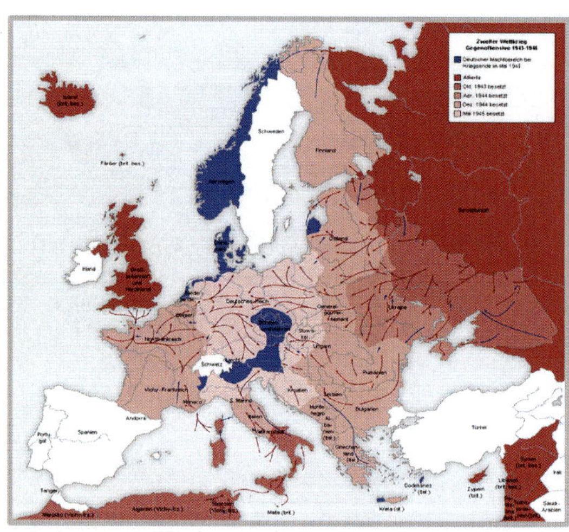
Karte des 3. Reiches April 1945

Unser Blick von oben auf die Karte der letzten Tage des tausendjährigen Reiches. Hitler gibt das Ruhrgebiet preis, er überlässt Berlin den Russen, er opfert Wien, warum?

Hitler hat in der Umgebung von Prag noch eine ganze vollausgerüstete zum Kampf bereite Heeresgruppe unter dem Befehl von Generalfeldmarschall Schörner.

Diese Heeresgruppe rührt sich nicht vom Fleck und wäre doch im Kampf um Berlin so wertvoll gewesen. Geben wir darauf eine Antwort. Hitler setzte alles auf einen letzten Trumpf und den hatte er in der Umgebung von Prag und in Thüringen.

Nichts geschieht ohne Grund!

Auch wenn gesagt wird wie im Film „der lägste Tag mit Paul Hartmann als Feldmarschall Gerd von Rundstädt": „...dieser böhmische Gefreite..." So blöd war er auch nicht, wenn auch seine Fähigkeiten begrenzt waren.

Patton der Umbequeme, aber geniale Stratege.

Aber sehen wir doch mal nach Westen. Die Amerikaner stürmen nach Osten. Angeführt von George Patton was die Panzer hergeben ostwärts mit einem Affentempo wie einst Rommel in Afrika. Da habe ich noch einen Zeitzeugen in meiner Familie, der aus Thüringen stammt und als Flakhelfer im Einsatz war. Er berichtete über tote Amerikaner, liegengelassen im Straßengraben und verwesend in abgeschossenen Panzern. Weiter, weiter, weiter, dann der Schwenk nach Süden in Richtung Pilsen. Man kann den Amis viel nachsagen, aber ihre Toten und Verwundeten nehmen sie immer mit, das wäre unamerikanisch. Was muss das für eine Ausnahmesituation gewesen sein. Heute sagt die offizielle Geschichtsschreibung das Patton nicht zu bremsen war, ich bin da anderer Ansicht. Er war der einzige alliierte Anführer, der dieses Unternehmen ausführen konnte!

Warum wohl.

Thüringen sollte nach der Kapitulation russisches Besatzungsgebiet sein. Also warum Patton's Eile, die Antwort, er hatte den Auftrag die geheimsten deutschen Entwicklungen vor den Russen zu erbeuten. Entwicklungen die heute noch streng geheim sind. Das gelang ihm.

Patton verstarb im Dezember 1945 an einer Lungenentzündung nach einem Autounfall. Schon vor 40 Jahren kursierte das Gerücht, das sein Abgang nicht ganz freiwillig war. Allerdings sprach man damals von Schwarzmarktgeschäften und Schmuggel denen er im Weg war. Dazu müssen wir uns mal Patton' s Charakter näher ansehen.

Er war ein genialer Panzerbefehlshaber aber ein schwieriger Mensch, der es vor allem seinen Befehlshabern schwer gemacht hat. Er glaubte an die Wiedergeburt und er spürte die Aura alter Schlachtfelder. Der Schauspieler George C. Scott hat ihn, glaube ich, gut porträtiert. Für die Rolle hat er den Oscar abgelehnt.

Patton hatte einen Kardinalfehler, er konnte den Mund nicht halten. Das war wohl der Grund für seine Beseitigung. Aber diesen Raid nachThüringen und Pilsen vor den Russen, das konnte nur einer wie er.

Mit diesem Grundwissen begeben wir uns nun auf Spurensuche nach dem geheimen deutschen Erbe, Patton’s Beute, und ziehen eine Bilanz des vorhandenen Wissens.

SPURENSUCHE, EINE BILANZ.

Italy, 1945

Wenn wir den unidentifizierten Flugobjekten auf den Grund gehen wollen, müssen wir uns erst mal mit dem beschäftigen was wir wissen. Berichtet wird ja genügend über das Thema und es wird geforscht seit Jahrzehnten. Allerdings kam noch niemand darauf diese Berichte, nennen wir sie mal Puzzleteile, zu bewerten und schlüssig zusammenzufügen. Es handelt sich dabei ausnahmslos um allgemein zugängliches Wissen bis auf eine Ausnahme, mit der ich beginnen möchte.

Es ist ein Bericht meiner Mutter aus den Jahren vor dem Krieg und vor ihrer Eheschließung mit einem Sanitätsfeldwebel. Diese Geschichte hat sie mir als junger Mann erzählt, nur konnte ich sie damals nicht einordnen oder verwenden obwohl ich schon in jungen Jahren Interesse an Militärgeschichte und Modellbau hatte. Fragen kann ich sie nun nicht mehr. Es muss 1937 oder 1938 gewesen sein. Ihr Bericht lautete wie folgt.

„Ich machte mit einem Bekannten einen Motorradausflug. Plötzlich blieb die Maschine stehen und ging nicht mehr an". Auf meinen Einwand, dass ich diesen Trick auch schon angewandt habe und mir die Backe heute noch weh tut sagte sie dann, *„nee mein Lieber damals gab es noch keine Pille und hinter uns und vor uns standen Autos"*, dann kam einer von der Reichswehr und hat gesagt *„nu könnt'er weiterfahren"*. Dann ging das Motorrad wieder. Heute kann ich sagen, elektromagnetische Experimente mit starken Magnetfeldern. Das noch vor dem Kriegsbeginn!

Die USS Eldridge

Gehen wir ein Stück weiter in unserer Spurensuche. Charles Berlitz, das allen bekannte Philadelphia–Experiment die USS Eldridge. Dieser Vorfall ist, denke ich, Allgemeingut. Lassen wir die Hollywood-Filme außen vor. Tatsache ist, dass die Eldridge beim

War das die geheime Installation der USS Eldridge

Verkauf nach Griechenland 360 Verdrängungstonnen (ts) leichter war als bei der Indienststellung. Wenn auch Berlitz Zeuge nicht unbedingt, der Besten einer ist so steht doch fest, dass mit der USS Eldridge Experimente mit starken elektromagnetischen Feldern durchgeführt wurden.

Berlitz selbst schloss, dass die Experimente der Unsichtbarmachung des Schiffes dienten. Ich denke nach allem was ich weiß, die wollten das Schiff fliegen lassen.

So zeigte das ZDF die Glocke in ihrer Dokumentation

Den nächsten Meilenstein haben wir einem polnischen Militärgeschichtler zu verdanken. Igor Witkowski. Seine Forschungsergebnisse bezüglich der sogenannten Nazi-Glocke sind nicht hoch genug zu bewerten.

Demnach wurde die Glocke im Raum Thüringen Schlesien Tschechien gebaut. Die Glocke ist im Dezember 1965 in der Nähe von Kecksburg in Virginia abgestürzt.

Der Zeitraum bis dahin und wie die Glocke nach Amerika kam ist immer noch ein weißes Blatt Papier.

Igor Witkowski – Das vergessene Objekt der Fliegenfänger in Thüringen

Witkowski´s Neugier und Forschungsdrang verdanken wir die Kenntnis eines weiteren vergessenen Objekts in Thüringen, dem sogenannten Fliegenfänger. Ein gemauerter runder Bogen in Kreisform, leicht gebaut.

Viktor Schauberger – war er ein Genie?

Witkowski meint, zur Erprobung der Glocke. Ich bin anderer Meinung. Da passt ein Diskus drauf wie Arsch auf Eimer.

Unser nächster wichtiger Protagonist ist ein österreichischer Forstbeamter namens Viktor Schauberger. Seine Erfindung, die Repulsine, könnte durchaus der Schlüssel zum Thema UFO-Antrieb sein.

Viktor Schaubergers Repulsine

Wie die Repulsine funktioniert hat ist weder mir noch der Geschichtsschreibung richtig klar. Wie in dem Fernsehbeitrag gezeigt ist die Repulsine mit Karacho unter Zeugen an die Decke gekracht.

Ich persönlich traue dem Mann die Erfindung zu. Er ist im 3. Reich von der Weiterentwicklung des Gerätes abgezogen worden. Später ging er nach Amerika, dort wurde ihm verboten weiter an der Repulsine zu forschen. 1956, 5 Tage nachdem der 76-jährig wieder zuhause in Österreich war, ist er ganz plötzlich verstorben. Wieder einer von den Zufällen....

Eine Sendung im Fernsehen die ich gerne sehe sind die X-Akten in einem Nachrichtenkanal. In dieser Sendung wird über unerklärliche Phänomene und UFO–Erscheinungen berichtet. Am 16. Januar 2016 gegen 18 Uhr wurde in dieser Sendung ein Bericht gezeigt, der über die Sichtung eines diskusförmigen UFO's berichtet mit einer gläsernen, durchsichtigen Kuppel und in dieser Kuppel sitzt ein blonder Mann. Und das im Jahre 1945. Kein graugesichtiger Alien, sondern ein blonder Mann! Die beiden Zeugen waren zwei Jungen, beide haben Karriere gemacht, der eine in der Politik der andere in der Wirtschaft, beide zuverlässig. Diese Sichtung passt nicht ins Bild. Die Deutschen haben zwar an so was gearbeitet aber noch nicht Atlantikflugreif gehabt.

Später mehr.

Für mich aber ein Grund zu vermehrter Anstrengung. Dann war ja noch die Geschichte mit Dr. Ing. Hans Kammler dem Forschungschef des 3. Reiches. Der Herr war für alle Forschungsprojekte zuständig, auch für die fragwürdigen. Normalerweise ein sicherer Kandidat für eine Anklagebank in Nürnberg, mit Blick auf den Galgen. Angeblich sollte er Selbstmord verübt haben in Tschechien. In einer anderen Sendung aber wurde von der Aussage eines Amerikaners berichtet, dessen Vater bei der CIA war und nach dem Krieg den Herrn Kammler interviewt hat.

Später hieß es, er habe Ende der 40er Jahre Selbstmord begangen in CIA-Gewahrsam. Wäre mit Sicherheit interessant was er zu berichten hatte, beziehungsweise welches Wissen er verkaufen konnte. Vielleicht hat es gereicht für ein neues Leben in Boise/Idaho oder wo auch immer. Hitler sagte gegen Ende des Krieges „Der Kammler gibt zu größten Hoffnungen Anlaß..." Albert Speer erwähnte später, dass Kammler ihm erzählte er gehe zu den Amis.

Die bei weitem interessanteste Spur jedoch sind die sogenannten Foo-Fighter. Hunderte alliierter Piloten sahen am Himmel die leuchtend weißen Energiebälle, die unglaubliche Manöver ausführen konnten. Ab 1944 und dem Angriff auf Schweinfurt waren diese Geräte Gäste am Himmel und behinderten die alliierten Bomber. Schaden richteten sie keinen an. Flog ein Bomber durch einen Foo-Fighter so fiel nach den

Berichten der Piloten grauer oder schwarzer Staub vom Himmel. Das Wort Foo wurde aus dem französischen Feu ist gleich Feuer abgeleitet. Man sah sie über dem Reich, über Italien, über Japan und über dem weißen Haus in Washington im Jahre1952.

Das ist aber noch nicht alles in Sachen Foo-Fighter. Sie begleiten uns bis zur letzten Zeile. Ihre unglaubliche Manövrierfähigkeit gepaart mit Geschwindigkeit ist ein Teil des geheimen deutschen Erbes.

Es gibt aber noch eine Geschichte aus den Mülleimern des 3. Reiches, fast vergessen. Es ist der Schriever-Habermohl-Kreisel. Die Konstrukteure Gerhard Schriever und Klaus Habermohl konzipierten einen fliegenden Diskus. Einzig ein Bericht in der Zeitung „Der Spiegel" aus dem Jahre 1950 beschäftigte sich mit dem Thema. Ein Diskus mit Luftschraubenantrieb ähnlich einem umgekehrten Helikopter mit einer Glaskuppel für den Piloten. Der Erstflug erfolgte im April 1945 in Prag. Wer jetzt an den Patton–Raid, denkt liegt wohl nicht falsch. Die Leistungsdaten schocken. 12.400 m Höhe in 3 Minuten und 2.300 km/h schnell. Wahnsinn!

Auch dies gehört zum geheimen deutschen Erbe. Die Antigravitation. Wenn man die Filme der alliierten Piloten über die Foo-Fighter ansieht, gedreht in Bombern im Einsatz und deren unglaubliche Manöver, dann stelle man sich, vor diese Technik wäre in den Kreisel verbaut worden. Der Kreisel soll angeblich vor Einmarsch der Amerikaner in Prag gesprengt worden sein. Schriever blieb im Westen, Habermohl ging zu den Russen. Beide Spuren verlieren sich. in der DDR wurde 1956 ein weiterer Kreisel konzipiert. Hat aber genauso wenig funktioniert wie später in den USA der „Silverbug". Es ist klar, da fehlt was, nämlich das was die Amerikaner rechtzeitig abgestaubt haben, dem Sieger die Beute. Die Fähigkeit die Schwerkraft zu reduzieren. Das ergibt abschließend zu diesem Kapitel die Frage, wie die Deutschen darauf gekommen sind. War es die Innovation von Viktor Schauberger und seiner Repulsine –?

Da gibt es noch eine andere Möglichkeit an technisch hochstehende Innovationen zu kommen. Damit stellt sich gleichzeitig die Frage ob wir allein im Kosmos sind.

Mit Sicherheit nicht!!

Es gibt da eine Geschichte, die bis jetzt noch nicht veröffentlicht wurde. Ein kleines Mädchen ging mit Ihrer Tante an einem Waldrand in Niederschlesien spazieren. Man schrieb ungefähr das Jahr 1935. Beide sahen kleine silbrige Männchen. Daraufhin packte die Tante das Mädchen am Genick und mit den Worten „weg, weg... die sind nicht von dieser Welt" flohen beide. Das Mädchen starb Anfang der 2.000er Jahre. Sie litt ihr Leben lang unter dieser Geschichte. Der Bericht und sein Kolporteur sind mir bekannt und absolut vertrauenswürdig.

Durch diesen Bericht erwacht ein Gespenst zum Leben. Dem möglichen UFO–Absturz in der Nähe von Sankt Trudpert im Schwarzwald. Nur dünne Gerüchte, nichts annähernd Konkretes. Wohl aber dem ZDF eine Sendung wert. Die Angeblichen Raumschiffs- oder UFO-Trümmer sollen wohl in die Wevelsburg, dem Nazi Tempel im Westen Deutschlands, gebracht worden sein. Gerüchte besagen bei Kriegsende 200 Tote Wissenschaftler in der Nähe der Wevelsburg und 70 Tote Wissenschaftler in der Nähe von Prag. Wie dem auch sei, das Ergebnis ist das Gleiche, die Fähigkeit die Gravitation bis auf einen Restwert aufzuheben, das geheime Erbe, die Beute.

Eine weitere Variante der Sankt Trudpert Geschichte wäre, dass tatsächlich ein Raumschiff oder Flugkörper im Schwarzwald gestrandet ist, dieser wäre dann natürlich in die Hände der SS gefallen. Das würde zeitlich mit der Niederschlesiensichtung zusammenfallen die ich bereits beschrieben habe.

Wäre das so abwegig?

Wir haben Vorfälle in Aztec, Cape Girardeau oder auch Roswell gleicher Art. Vermutlich abgestürzte Raumschiffe oder Alien-Vehikel was auch immer. Also warum nicht auch im Schwarzwald. Würde es verwundern, wenn die Behauptung auftaucht das 3. Reich wäre im Besitz einer sagen wir mal "Fliegenden Untertasse" gewesen. Würde mir der geneigte Leser verzeihen, wenn ich genau dies bestätigen würde, ohne dabei ins Detail zu gehen. Möglicherweise trifft gerade dies ins Schwarze des braunen Sumpfes. Vielleicht erklärt dies den "Blaue-Division-Vorfall". Den Vorfall mit dem blonden Mann in der Glaskuppel eines Diskus. Den Grund für die Operation Highjump deren wir uns später noch annehmen.

Könnte es zutreffen, dass wir hier des Pudels Kern gefunden haben?

Es ist ja so gut wie alles in Bletchley-Park entschlüsselt worden. Nicht nur das normale Enigma der Verbände im Felde. Die Geheimdienstenigma genauso wie der den höchsten Stäben vorbehaltene Lorenz-Schlüsselzusatz 42. Einzig ausgenommen der Siemens-Geheimschreiber, der aber so selten in Gebrauch wr, dass er von den Spezialisten nicht angegriffen wurde.

Ein Beispiel für alle kritischen Geister, die an dieser Stelle kopfschüttelnd sagen, das kann es doch nicht gegeben haben. Also, während des Griechenland-Unternehmens, eine mit der Lorenz chiffrierte Meldung kam nicht richtig beim Empfänger an. Dieser bat um nochmalige Sendung. Der Chiffreur hat aber beim zweiten Mal das Wort Straße mit Str. abgekürzt. Das hat einem Team von Profischachspielern und Mathematikern gereicht die Lorenz zu entschlüsseln. Nicht zu glauben, doch ist es wahr. Unter diesen Voraussetzungen müssen wir die Ereignisse des 2. Weltkrieges sehen und erkennen.

In unserer Bestandsaufnahme der Puzzleteile begeben wir uns wieder nach Bletchley-Park. Unsere Aufmerksamkeit richtet sich auf die Reise des Übervaters der englischen Funkentschlüsselung und erstem Computergenie nach Amerika. Alan Turing, ging im November 1942 an Bord des Liners Queen Elizabeth I. mit Ziel USA. Trotz erheblicher U-Bootgefahr. Im Herbst '42 waren die deutschen U-Boote sehr erfolgreich.

Warum also das Risiko?

Selbst ein sogenannter „schneller Einzelfahrer“ wie die QE I konnte einem grauen Wolf vor die Torpedorohre laufen. Offiziell war der Grund, Turing sollte sich angeblich über die neuen amerikanischen Entschlüsselungsmaschinen informieren, genannt Adam und Eve. Die Maschinen waren 18-mal schneller als die britischen Turing-Bomben.

Die Turing-Bombe kann man heute im Museum Bletchley-Park besichtigen. Adam und Eve stehen im NSA-Museum. Das wäre an sich schlüssig, wenn nicht gleichzeitig der Colossus sich im Bau befinden würde, der erste speicherprogrammierbare Computer noch vor Konrad Zuse's Z1. Auch vom Colossus steht ein Nachbau in Bletchley-Park. Adam und Eve waren damit überholt. Also warum diese Reise?

Wie wäre es mit folgender Theorie.

Die Kryptologen in Bletchley-Park hatten im Herbst 1941 sowohl die Enigma G des Geheimdienstes als auch den Lorenz Schlüsselzusatz 42 dechiffriert. Die Lorenz wurde nur von höchsten Stellen und Stäben benutzt. Galt noch bis in die 60er Jahre als sicher. Die aufgefangenen Nachrichten über deutsche Geheimprogramme speziell im elektromagnetischen Bereich erregten die Besorgnis der Briten.

Turing wurde mit entsprechenden Geheiminformationen nach den USA geschickt. Alan Turing kehrte wohlbehalten im März 1943 zurück nach England. Dazu kommt, dass in diese Zeit die Erbeutung der Marine bzw. U-Boot-Enigma M4 und deren Dechiffrierung fiel. Den März 1943 nennen die U-Boot-Fahrer den „schwarzen März" der das Ende der Schlacht im Atlantik einläutete. Ein halbes Jahr später fand das „Philadelphia–Experiment" statt.

Machen wir doch noch mal einen Zeitsprung, wenn wir schon dabei sind Theorien zu entwickeln. Ein vergessenes Ereignis aus dem 1. Weltkrieg.

Halbinsel Gallipoli.

Das 14. Norfolk-Regiment

Auf dem Marsch von Suvla-Bay zum Hügel 60 verschwindet ein ganzes englisches Regiment. Samt ihrem Befehlshaber marschierten die Soldaten in eine Wolke und wurden nicht mehr gesehen. Zeugen, mehr als genug. Eine Gruppe Pioniere in nächster Nähe sah wie die große Wolke nebst kleinen Wolken daneben aufstieg und verschwand. Nach Beendigung der Feindseligkeiten forderten die Engländer natürlich die vermeintlichen Gefangenen, von den Türken zurück. Niemand vom 14. Norfolk-Regiment wurde gefunden, weder lebendig noch tot. Weg, verschwunden, eine alte Geschichte und wahr.

Nur mal angedacht, theoretisch, könnte es im Bereich des Möglichen sein, das NS-Stellen, sagen wir mal vorsichtig, Geschäfte mit überlegener Technik gemacht haben. Mit Geschäftspartnern von außerhalb der Erde? Was hatte denn die Herrenrasse im Krieg im Überfluss zu bieten? Waren das nicht Millionen nutzloser Untermenschen, Horden russischer Gefangener, und, und, und. Absolut unmöglich?

Mal sehen. Der englische UFO-Forscher und Autor John Spencer erzählt in seinem Buch „Die geheimnisvolle Welt der UFO“ unter anderem eine Geschichte aus dem Jahre 1943.

Die „blaue Division“ kennt jeder Militärgeschichtler. Spanische Freiwillige die auf deutscher Seite an der russischen Nordfront eingesetzt waren. Dort wird berichtet das über in Luftkämpfen verwickelter Flugzeuge in größerer Höhe ein UFO gesichtet wurde. Wie ein Kriegsberichterstatter meinte, ein Beobachter, ein Diskus.

Wir werden im Verlaufe der Lektüre noch feststellen, dass weder die Amerikaner noch die deutschen Stellen damals über ein derartiges Flugobjekt verfügen konnten. Also bitte wer sieht sich da Luftkämpfe über Pushkyno an.

Wenn auch die Sache mit den „Geschäften“ sehr weit hergeholt und äußerst theoretisch ist. Die Anwesenheit einer Macht von außen war meiner Ansicht nach sicher. Schauen wir mal, ob sie sich dieser Meinung später anschließen werden.

Oder, die Alternative, es gab eine Flugscheibe nichtirdischer Herkunft, wie auch immer in den Besitz des 3. Reiches gelangt, ob erbeutet oder erkauft, und sie konnten damit umgehen. Die Flugscheibe gab es. Auch wenn ich über die Herkunft der der Kenntnis keine Angaben mache.

Willkommen im Outback der Geschichte! Wenn Sie es bis jetzt ausgehalten haben.

Wie dem auch immer, die letzten verzweifelten Monate des l000-jährigen Reiches war ein grausames Ringen an drei Fronten. Im Westen die Engländer und Amerikaner, im Osten die Russen und im Süden haben die Italiener mal wieder die Fronten gewechselt, sich ihres Diktators entledigt und den alliierten Streitkräften angeschlossen. Der Blick nach Osten, zum verzweifeln. Durch den Verrat des Dr. Sorge, Mitarbeiter der deutschen Botschaft in Tokio, wussten die Russen, dass von Seiten der Japaner keine Gefahr droht. Dem entsprechend wurde der ferne Osten von Truppen entblößt. Diesen Massen von russischen Truppen hatte das Reich kaum mehr was entgegen zu setzen. Und sie vergingen wie das Laub im Feuer. Regiment auf Regiment, Division auf Division. Panzer für Panzer. Mit ihnen vergingen die deutschen kampferprobten Truppen. Sie wurden ersetzt durch Hitlerjugend und ältere Männer. So näherte sich der Sturm den Reichsgrenzen. Ebenso im Westen. Frische motivierte US-Truppen und kampferprobte Briten gegen zusammengewürfelte deutsche Einheiten verstärkt durch "Beutegermanen".

Dies ist unser Szenario, in das wir uns zurückversetzen. Verzweifelt wurde geforscht und erprobt unter alliierten Bomben. Geballtes verzweifeltes Wissen im Kampf gegen die Zeit. Unter den Wissenschaftlern, Polen, Russen, Franzosen, Holländer und andere Nationalitäten unter den Bajonetten der SS. Das KZ und die Gaskammer gleich um die Ecke. Das alles unter dem Befehl von Dr. Ing. Hans Kammler. Unter seiner Leitung wurden alle Projekte abgewickelt. Die sogenannten Vergeltungswaffen, die Nurflügler, die Düsenflugzeuge, das Atomprogramm, ebenso der Kreisel in Prag und die Weiterentwicklung der Repulsine. Auch die außerirdische Beute und ihre Erforschung unterstand seiner Befehlsgewalt. Die Vl und V2 kennt heute noch jeder. Vom Schriever-Habermohl-Kreisel wird schon seit Ewigkeiten nicht mehr gesprochen. Es gab nur den bereits erwähnten Bericht im Spiegel aus dem Jahre 1950. Diese und noch mehr Akten, bedeckt vom Staub der Geschichte sollen bleiben wo sie sind. Graben wir sie also aus. Nur weil etwas unserer Sicht entzogen wurde ist es dennoch nicht aus der Welt!

Nun sehen wir also das Szenario des Untergangs mit all seinen Facetten. Ebenso die Beute der Sieger. Die Zeit des Verfallens aller Disziplin. Deutschland ist nicht mehr. Zum zweiten Mal einer Allianz erlegen und belegt mit aller Schuld der Welt. Jetzt muss jeder um sein eigenes Überleben kämpfen. Gut, wenn er was zum Eintauschen hatte. So wie der Dr. Hans Kammler.

OPERATION PAPERCLIP

GERMAN AIRPLANE, HORTON 229 "FLYING WING" BEING UNLOADED FROM TRAIN, AUGUST 1945.

Der Krieg ist aus. Deutschland in Trümmern. Die Beute wird verteilt. Für die Engländer war es ein Phyrrussieg, ihr Weltreich im Eimer, die Kolonien werden selbstständig, ein Juwel nach dem anderen bricht aus der Krone. Die Franzosen feiern einen erneuten, schwer erkauften Sieg über den verhassten Nachbarn und dank kluger Männer wie Charles DeGaulle und Konrad Adenauer entsteht das zarte Pflänzchen einer Freundschaft. Dies so hoffe ich auch im Bewusstsein, das der vorletzte Feldwebel der über Europa hergefallen ist ein Franzose war. Ach so, er war ja ein Korse.

Die Russen erhielten ein Stück Ostpreußen und einen Sklavenstaat genannt DDR. Der Sieg aber musste teuer mit viel Blut erkauft werden. Die Russen hatten ohne Zweifel am meisten gelitten. Doch war ihre Beute nur Berlin, der „goldene Apfel" vergangener Zeiten und die Knochen eines Tyrannen nebst denen seiner frisch angetrauten Gattin. Berlin wurde noch in Sektoren aufgeteilt, wie Wien. Das Feld der neuen Feindschaft Ost gegen West war bestellt.

Die Amerikaner hatten was sie wollten. Die deutschen Patente, deutsche Technik, die deutschen Raketenmänner um Wernher von Braun und eine große Anzahl deutscher Wissenschaftler. Der unbrauchbare Rest wurde in Nürnberg entsorgt, aufgehängt und eingebuchtet.

Was hatte sich sonst noch geändert. Das Versorgungsschiff Dithmarschen erhielt einen neuen Kapitän, und wurde zum Vorbild der amerikanischen Versorgungsflotte. Die Kammhuber-Linie neue Jägerleitoffiziere und war weiter in Betrieb. Der neue Feind war nun im Osten und schon bald wusste man in den amerikanischen Stäben, dass man gar nichts wusste vom neuen Feind da drüben.

Glücklicherweise gab es da noch die Nachrichtenabteilung Fremde Heere Ost unter Reinhard Gehlen, die die nötigen Informationen hatte oder beschaffen konnte. Das da am 20. April immer irgendwas gefeiert wurde war scheißegal. Der Persilschein das Dokument der Stunde. Einige Raketentriebwerke blieben noch in Thüringen liegen, damit die Russen auch was zu erbeuten hatten an vermeintlichen Geheimnissen.

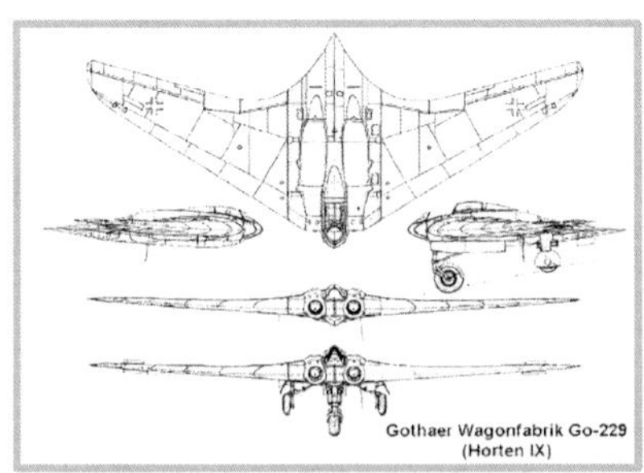

Nurflügler – seiner Zeit weit voraus.

Die wichtigen ultrageheimen Sachen, wie die Antigravitationstechnik und die Magnetfeldtechnik sowie die ersten gebauten Plasmadrohnen, genannt Foo-Fighter, waren längstens schon eingesackt und nach Westen verschifft, ebenso wie der Nurflügler und andere Spielereien wie die Kehl IV/Straßburg Funkfernsteuerung. Es geht immer noch das Gerücht herum in Deutschland wären Atombomben erbeutet worden.

Wohl war bei der Übergabe von U 234 kernwaffenfähiges Material erbeutet worden in erheblicher Menge. Man spricht von 560 kg. Unklar woher das kam. Aber an eine fertige Bombe glaube ich nicht. Dazu wäre zu sagen, dass die deutsche Kernphysikerelite um Werner Heisenberg in Farm Hall interniert war. Die Amerikaner haben sich aber nur eine Person gegriffen. Walther Gerlach, den Magnetfeldspezialisten! Der wurde später Chef der TU München. Als früherer Chef der Reichswissenschaftskammer war er sicher den Amerikanern sehr nützlich. Weiteres erspare ich mir an dieser Stelle mit dem Strichwort Persilschein.

Kommen wir noch mal auf U 234 zu sprechen. Im Fernsehfilm "Das letzte U-Boot" wurde die Geschichte von diesem als

Minenleger aufgelegten und als Transportboot fertiggestellten Schiff erzählt. Der Selbstmord der beiden Japaner, die Konflikte der Besatzung und ihrer Gäste.

Der Oberfunkmeister des Schiffes hat später ein Buch geschrieben. Darin gab er seiner Verwunderung Ausdruck, weil er ein Päckchen mit der Aufschrift U235 ausgehändigt bekam.

Nun, Wolfgang Hirschfeld, der Funker ist nicht mehr unter uns. Was er nicht erfuhr, war das er diese bewussten 560 kg waffenfähiges Material unter dem Hintern hatte. Eingepackt in reines Gold. Das kam erst in den letzten Jahren heraus. Also, irgendwoher muss das Zeug hergekommen sein. Aus dem Reaktor im Haigerloch eher nicht, vielleicht war es das Päckchen was Hirschfeld in die Hand gedrückt bekam mit der falschen Bootsnummer. Wenn ich also explizit die Frage stelle, woher die 560 Kilo? Dann keine Antwort bekomme, dann erkennen wir das die Geschichtsbücher Löcher haben.

Nun, der Reaktor nebst der "deutschen Bombe" wurde gesucht. Mit reichlich Blabla, nur gefunden wurde nichts. War wohl an der falschen Stelle.

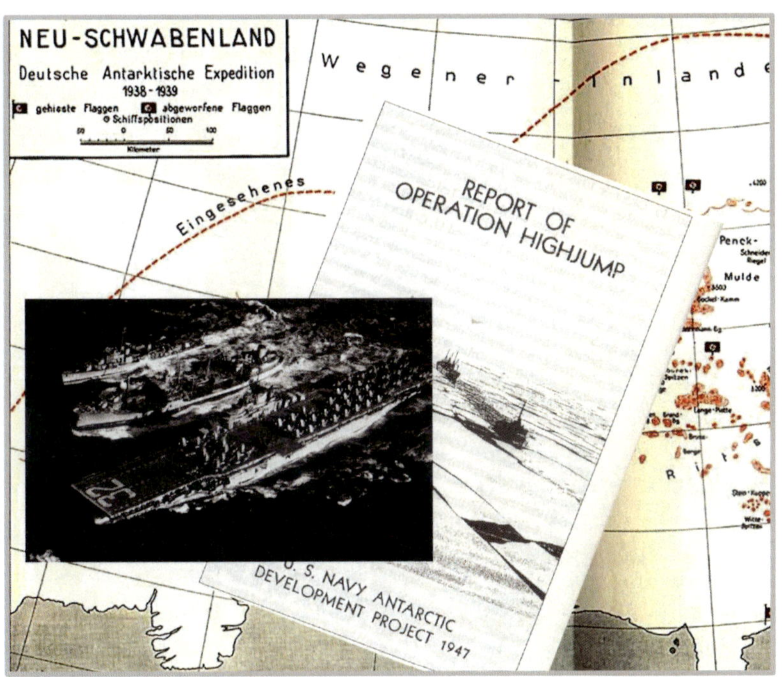

Die TF68 - ein Flugzeugträger, die Philippine Sea CV-47

Unsere nächste Station in der Liste der Ungereimtheiten ist die amerikanische Antarktisoperation im Winter 46/47. Bezugnehmend auf einen ausführlichen Bericht in Wikipedia betrachten wir doch erst mal die Stärke der vorgesehenen Kräfte für die Forschungsexpedition. Die TF 68. Einen Flugzeugträger, die Philippine Sea CV-47, also ein sogenannter Flottenträger, dann zwei Wasserflugzeugträger, zwei Zerstörer mit hoher

Flakkomponente, zwei Tanker, zwei Eisbrecher, zwei Unterstützungsschiffen, das Kommunikationsschiff Mount Olympus, mit dem U-Boot USS Sennet, ca. 26 Flugzeuge und ca. 30 Hubschrauber. Da wurde wohl an kampfkräftiger Forschungsmacht nicht gespart. Eine ganze Trägertaskforce zu Forschungszwecken. Befehlshaber war der Antarktisspezialist und Admiral William E. Byrd. In dem genannten Bericht wurde außerdem ein Interview wiedergegeben, welches der Admiral am 5. März 1947 einer Südamerikanischen Tageszeitung gab.

Ich zitiere „Ich möchte niemanden erschrecken, aber bittere Realität ist, dass im Falle eines erneuten Krieges die Vereinigten Staaten durch fliegende Objekte angegriffen werden. welche mit unglaublicher Geschwindigkeit von Pol zu Pol fliegen könnten...". Soweit Byrd.

3/00/9953-79 01 REEL1399

3971 0752123

XXHNENPO F0079076

3/00/9953-79

(THIS PRODUCT IS CLASSIFIED TOP SECRET UMBRA IN ITS ENTIRETY)

TOOK PLACE SIX MONTHS AGO IN THE [illegible] REGION, AND THE INCREASE IN FLYING SAUCER ACTIVITY, WHICH HE EXPLAINED AS HAVING A CONNECTION WITH THE PLAN.

XXHN
HS99737
292
#3971
NNN

3/00/9953-79 01 REEL1399

GS

Dieses Dokument – nicht mehr verfügbar – Top-Secret UMBRA?

Nun wurde im Zusammenhang mit der genannten Operation darüber spekuliert, dass der deutsche Seeflugzeugträger Schwabenland auf seiner Antarktisoperation 1938 Basen angelegt haben könnte, auf die sich Nazigrößen hätten zurückziehen können.

Das wäre ja halbwegs akzeptierbar, wenn nicht im Zuge einer Freigabe von alten Dokumenten ein solches, natürlich stark geschwärztes,

Dokument aufgetaucht wäre. In diesem Dokument wurde etwas zu schwärzen vergessen, sei es das der Bearbeiter übermüdet war oder vergesslich. Die Bezeichnung Top-Secret UMBRA für die Operation Highjump.

Die Bezeichnung Umbra taucht erst viel später auf, inoffiziell, geleakt, hinter vorgehaltener Hand und nur im Bezug auf Aliens und deren Technik. Nebenbei existiert von dieser Südpolexpedition ein zugegeben schlechtes Foto, das jedoch einen fliegenden Diskus zeigt der zu erkennen ist. Wo ist as Foto? Die Expedition forderte einige Menschenleben und Material und wurde vorzeitig beendet. Eine weitere Antarktisoperation mit der Bezeichnung „Windmill" und bedeutend weniger Ausstattung diente wahrscheinlich wirklich der Forschung. Die Operation Highjump 2 wurde 1950 abgebrochen.

Hatten sie was sie wollten? Anfang 2.000 wurden in den USA NASA -Computer gehackt. Wir kommen später noch darauf zu sprechen.

Unter der Bezeichnung „Snowbird" steht die Erforschung eines erbeuteten oder geschenkten außerirdischen Raumschiffes. War dieses Snowbird Ziel der Expedition?

Natürlich können wir nur darüber spekulieren, die Wahrheit wird uns Bürgern ja nicht gesagt. Aber wir kennen Fakten und haben fünf Finger, an denen wir abzählen können. Wenn dieses Umbra-Dokument jedoch echt ist, und danach sieht es aus. Dann brauchen wir nicht mehr zu diskutieren.

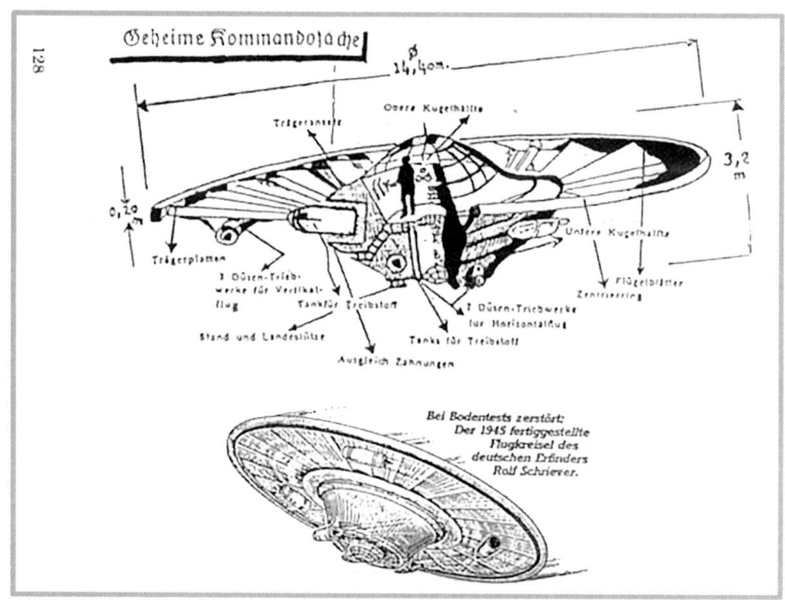

War die Flugscheibe angedacht oder waren die schon weiter?!

Mit der Operation Highjump und ihrem Ausgang haben wir nunmehr sichere Hinweise das die amerikanischen Behörden von außerirdischen Aktivitäten wussten und versuchten sich in den Besitz ihrer Technik zu bringen. Was keineswegs ausschließt, dass derlei Aktivitäten in Sachen Alientechnik auch in Nazi-Deutschland betrieben wurden. Durch die lückenlose Funkaufklärung dürften diese Informationen an die alliierten Stellen weitergegeben worden sein. Die entsprechenden

Maßnahmen wurden eingeleitet, siehe Patton 's Raid. Nun aber ist der Krieg vorbei, Deutschland im wahrsten Sinne des Wortes abgefieselt an brauchbarer Technik.

Wenden wir uns nun den anderen Ereignissen in den Hungerjahren zu, als sich die deutsche Uhr um den Magen drehte und die Zigaretten Ersatzwährung waren. In Schweden erregte die „Geisterraketenaffäre" die Öffentlichkeit. Phänomene die über den Himmel glitten, leuchtend, hell, um dann irgendwo in Wald oder See einschlagend, nichts mehr wiederzufinden. Das heißt, gefunden wurde nichts, aber es gab Zeugen, selbst in dem einsamen Teil Skandinaviens, wo sich Fuchs und Hase gute Nacht sagen, sofern sie sich überhaupt begegneten. Auf einsamen griechischen Inseln wurde ähnliches beobachtet. In Schweden sprach man von Marschflugkörpern, allerdings gab es damals diese Technik noch nicht, (*mit Ausnahme der sogenannten Vergeltungswaffen, eine Anmerkung des Verfassers*). So John Spencer in seinem Bericht über die Angelegenheit im Sommer 1946. Ist halt ein UFOloge, der gute Spencer. Marschflugkörper vielleicht nicht, aber wie wäre es mit einer Theorie. Träumen wir doch mal laut. Denken wir an die Foo-Fighter. Ich habe Jahre verbracht zu knobeln, wie die Foo-Fighter von Darmstadt über Italien nach Japan kamen.

Probieren wir mal eine Story.

Also, der Bombenkrieg hat seine Spuren im Reich hinterlassen und im Zuge der Verzweiflung wird bei Hans Kammler angefragt ob sein teurer Wissenschaftszirkus nicht irgendetwas brauchbares für die lädierte Reichsluftverteidigung zu bieten hat, zusätzlich zu den bekannten Waffensystemen wie der Bachern-Natter und ähnlichen Sachen. Rheintochter, Wasserfall, Me 163,

Nurflügler, V2, das fleißige Lieschen und so weiter. Der Kreisel war noch nicht annähernd einsatzbereit. Die Flugscheibe vielleicht angedacht. Emsig waren sie ja die Deutschen. Was konnte man rausrücken aus der Schublade?

Plasmadrohnen mit Magnetfeld. Nebst Antigravitationstechnik wegen der unmöglichen Manöver- und Flugeigenschaften, harmlos, aber furchteinflößend. Vielleicht auf Basis einer Repulsine. Unfertig. Diese leuchtenden Kugeln mal kleiner, mal größer werden auf die Bomberströme losgelassen. Mit der Kehl IV/Straßburg hatten sie ein hervorragendes Fernsteuersystem. Besser als das Double-Azon der Amerikaner. Ergebnis gleich Null aber jede Menge Zeugen, Filme und Berichte. Die Foo-Fighter sind eine unumstößliche Tatsache, also weiter.

Der Krieg neigt sich dem Ende zu. Die kleine Abteilung eingesackt, wie die Soldaten zu sagen pflegen. Die restlichen Drohnen, so können wir sie ruhig nennen über dem pazifischen Kriegsschauplatz aufgebraucht um die japanischen Piloten irre zu machen. Derweil liegen die Erfinder mit einer Kugel im Kopf in irgendeinem Grab. Dann macht man sich, auf amerikanischer Seite, nach Kriegsende, natürlich im geheimen, daran die Technik nachzubauen und experimentiert in Schweden am Arsch der Welt.

Als trotzdem öffentliches Interesse aufkam, ging man nach Griechenland auf eine Insel. Was für eine schöne Geschichte, könnte direkt stimmen.

Ob wir je die Wahrheit erfahren?

Eines aber kann ich noch sagen, die Geschichte mit den Foo-Fightern geht weiter und zwar am 1. Oktober 1948 und da brauchen wir diesmal nicht in die Kristallkugel des Möglichen zu sehen. Da haben wir nämlich einen richtigen Luftkampf. Der Gegner ist nur nie als Foo-Fighter identifiziert worden. Warum wohl. Dazu später mehr.

Kenneth Arnold, showing one of the objecs he claims to have seen

Mit der Kenneth-Arnold-Sichtung sehen wir das erst richtige öffentliche UFO und wunderschöne Bilder in der Zeitung.

Schade das es nur ein Nurflügler ist, wie wir heute wissen.

Auch eine geheime deutsche Beute, die Konstruktionen der Gebrüder Horten.

Natürlich kommt dann der Großvater der UFOlogie, der Absturz in der Nähe von Roswell. Da kann man sich natürlich daran aufhängen und diskutieren bis das Bier ausgeht.

Ich erlaube mir hierzu auch eine Meinung zu äußern. Was da runtergekracht ist, ich weiß es nicht, ich will auch nicht darüber spekulieren, vielleicht ein Nurflügler. Über diesen Vorfall weiß jedes Kind zu erzählen. Roswell ist ja schon Kulturgut geworden.

Jetzt das Dicke aber.

Täuschen, Lügen, tricksen, falsche Spuren legen, der Fake mit der Alienautopsie der dann als Fake enttarnt wird. Das gehört doch in die Schublade der geheimen Dienste. Lasst die Leute doch nach Roswell rennen, ist gut für den Tourismus und stärkt die Infrastruktur. Die Musik spielt woanders. Nicht da wo die kaugummikauenden und fernglasbewaffneten Alienspotter herumlungern und auf ET warten.

Bei allem Spott und Zweifel, es gibt etwas, was auch der abgezockteste Taschenspieler der versteckten Front nicht beherrschen kann, das ist der gemeine Zufall.

Ein Beispiel.

Einen Tag vor D-Day wurde in einer Zeitung ein Kreuzworträtsel veröffentlicht, darin enthalten die Worte Omaha, Mulberry, Sword, Gold und so weiter, bekannt ja –. Die Invasionsabschnitte in der Normandie, der Mulberry-Hafen für den Nachschub. Und das einen Tag vor Overlord! Der Redakteur war schneller im Bau als er denken konnte.

Foto vom Absturz Cap Girardeau – ob echt?

Wie wäre es jetzt, wenn ein Dorfsheriff dem, ein Flugzeugprototyp in den Vorgarten oder besser, die Vorwüste in dem Fall, gefallen ist, als Ausrede das Unmöglichste einfällt was sein kann. Ein Raumschiff ist runtergefallen. Nicht ahnend, dass er damit das geheimste vom Geheimen ausgesprochen hat. Top-Secret Umbra, Alientechnik. Wenn ich die Gesichter der Protagonisten von damals sehe, denen würde ich keinen Teppich abkaufen. Der Schuss traf wohl um die Ecke ins dunkelschwarze.

Kaum einer jedoch hat von der Geschichte um Cap Girardeau gehört. Dort ist auch was abgestürzt 1941. Reverend William Huffmann wurde zu einem halbtoten Piloten gerufen und erteilte dann einem Alien den letzten Segen.

Reverend William Hufman

Huffman Family History Secrets

Charlette Mann speaks of the secret Grandfather Reverend William Huffman shared with family. One spring Cape Girardeau evening in 1941, the Reverend received a call for assistance. Upon arrival to a crash site "13-15 miles or so" outside of Cape Girardeau, the Reverend found something extraordinary. The local military personnel on site swore all to secrecy because the object was of unknown origin. It was, according to the respected Baptist Reverend, a downed space ship–**an alleged UFO.**

Die Geschichte ist stimmiger da verhaltener und nicht so abgenudelt. Ebenso sollen in New-Mexico Trümmerteile geborgen worden sein vom Militär, gerüchteweise, angeblich.

Eine andere Begebenheit, die uns ebenso John Spencer überliefert hat erzählt die Geschichte von zwei Angelfreunden. Sie spielt Anfang der 60er Jahre in Südafrika und ist derart abgefahren das es in den Wahnsinn abgleitet. Edwin und George waren viele Jahr gute Freunde, bis George sagte, er sei nicht von der Erde und müsse wieder weg. Klar, ab in die Klapsmühle.

Aber das deckt sich mit dem vorher erwähnten Bericht am 16. Februar 2016 von den zwei Jungen und dem blonden Mann im Diskus. Aliens die uns Menschen gleichen! Nicht auszudenken! Ich würde es aber nicht für unmöglich halten.

Wir haben also im Jahre 1945 zwei äußerst glaubwürdige Zeugen, so im Bericht von Mufon, dem Mutual-UFO-Network, gesendet im Deutschen Fernsehen Programm N24 in den X-Akten. Ist sicher eine schöne Story am Vorabend.

Frage, ist da ein Schriever-Habermohl-Kreisel aus Prag entkommen, oder ein von den deutschen erbeuteter Aliendiskus dessen Pilot samt Diskus abgehauen ist. Oder kann das der Diskus, der über der Blauen Division gesehen worden ist gewesen sein. Ich kann nicht alle Fragen beantworten. Aber wir haben Fragen, und das ist die Tatsache, die verbleibt.

An dieser Stelle jedoch müssen wir in unseren Betrachtungen einhalten. Denn ab jetzt müssen wir amerikanische Geheimentwicklungen, aufbauend auf welcher Beute auch immer, von außerirdischen Einflüssen trennen und beiden Richtungen für sich nachgehen. Unsere Betrachtung erfolgt ja aus militärgeschichtlicher Sicht!

Militärgeschichtlich heißt, lügen, tricksen, verschleiern mit allen zur Verfügung stehenden Mitteln. Wir müssen weitersuchen, Zeugen hören, Spuren finden. Nun wird auch MUFON, das Mutual-UFO-Network hilfreich. Dort haben wir sehr motivierte Leute und Beobachter. Nur keine Militärhistoriker. Doch jetzt müssen beide ihr Wissen einringen. Das führt zu unglaublichen Ergebnissen. Folgen sie mir, sie werden sehen. Unsere Fragen werden uns begleiten.

AUFRÄUMUNGSARBEITEN DAS AMERIKANISCHE UFO-PROGRAMM

Foo-Fighter-Drohnen im Formationsflug, grandiose Show

Nachdem wir uns in die Grundlagen der verborgenen Geschichte etwas eingelesen haben, nehmen wir uns nun den amerikanischen Teil der Story vor. Also, ein wahrscheinlich geborgenes oder geschenktes Alien-Fahrzeug aus der Antarktis. Die Antigravitationstechnik aus Nazi-Deutschland und den Foo-Fighter, dieses Plasma magnetischen Energieball der so wunderbar fliegt. Am 1.Oktober 1948 fliegt der Pilot George

Gorman mit seinem Jagdflugzeug eine Übungsrunde. Er sieht am Himmel einen leuchtend weißen Energieball und nimmt einen Luftkampf an, um, wie er später sagte eine Piper Cub, einen kleinen Hochdecker, zu schützen.

Es entwickelte sich ein richtiger Dogfight, ein Luftkampf. Die überlegene Geschwindigkeit und Manövrierfähigkeit des Foo-Fighter gegen ein Jagdflugzeug. Ich vermute in der Piper Cub die Fernsteuerung. . ..... Gorman kehrte unversehrt zurück.

Die Sache ging natürlich ohne Blutvergießen ab.

Klartext. Die Amerikaner hatten gelernt Foo-Fighter-Drohnen zu bauen und vor allem zu steuern. Grüße nach Schweden. 1952 über dem weißen Haus flog schon eine ganze Armada dieser Drohnen. Schöner Formationsflug! Mehrfachfernsteuerung. Fotografiert wurde das ganze auch noch.

UFO's, grandiose Show.

Ein kleines Indiz dazu. Eine Gruppe Modellbauer aus Deutschland wollten vor ein paar Jahren eine Fritz-X nachbauen und ausprobieren. Die Fritz-X war eine ferngesteuerte Gleitbombe. Eine dieser Geräte versenkte das neue italienische Schlachtschiff Roma im Mittelmeer. Eine Fritz-X gab es noch in einem Museum in den USA. Nur ohne Fernsteuerung, na so was aber auch.

Die nächste Story hat uns wieder unser guter John Spencer überliefert aus dem Jahre 1950. Ein gewisser Daniel Fry fand am 4. Juli einen liegengebliebenen Diskus. Ein Alan aus dem Diskus sagte zu Fry in bestem Ami-Akzent er solle die Finger wegnehmen das Ding ist heiß. Das war dann die Story von Alan, dem Außerirdischen.

In Wirklichkeit könnte es sich um die ersten Versuche gehandelt haben einen Diskus mit alternativem Antrieb zu fliegen. Liegengebliebene Geräte finden wir noch mehr im Laufe der Lektüre.

Da sich aber niemand ein richtiges Bild machen konnte, im Film und Fernsehen die reinste Alieninvasion auf allen Kanälen zu sehen war. Naja, waren halt die Außerirdischen. So kann man kleine Fehler in streng geheimen Programmen gut verbergen.

Der nächste gewaltige Fehlschlag passierte dann am 9. Dezember 1965 in der Nähe von Kecksburg/Virginia. Es ließ sich Jahrzehnte gut vertuschen.

Endstation in Kecksburg – Absturz der Nazi-Glocke

Die Geschichte kam dann aber doch ans Licht. Wie bereits erzählt, grub der polnische Militärhistoriker Igor Witkowski die Geschichte von der Nazi-Glocke aus. Er beschrieb in seinen Forschungen die seitlich angebrachten merkwürdigen Runen. Überhaupt war ihm das Wissen über die Reichsdeutsche Herkunft des Gerätes zu verdanken. Nun hat man es in den USA dort endlich nach 20 Jahren zum Fliegen gebracht und nach einem Probeflug über Kanada nach Süden war in Kecksburg Endstation. Das ging natürlich nicht mehr ohne die Öffentlichkeit ab, obwohl das Militär sofort zur Stelle war. John Murphy, ein Reporter der örtlichen Zeitung, erwies sich als neugierig und hartnäckig. Dann ist er vor ein Auto gelaufen, schade. Friede seiner Reporterseele.

Der einfache menschliche Faktor ist es, der manchmal zum tragen kommt. Ach, sagen wir es gleich, Schlamperei. Der Trucker, der mit einer Ladung Kacheln für die Reparatur der Glocke in die Militärbasis geschickt wurde, durfte in den Hangar reinfahren bis zu dem lädierten Ding hin. Die Runen hat er auch noch gesehen. Die Moral von der Geschichte, der Antrieb ist unzuverlässig und wird sehr heiß. Darum die Kacheln, wie später beim Space-Shuttle. Wenn ich jedoch so das ganze aus der nötigen Distanz besehe, so frage ich mich, waren die Nazis damals in der Lage ein derart komplexes neuartiges Gerät zu bauen?

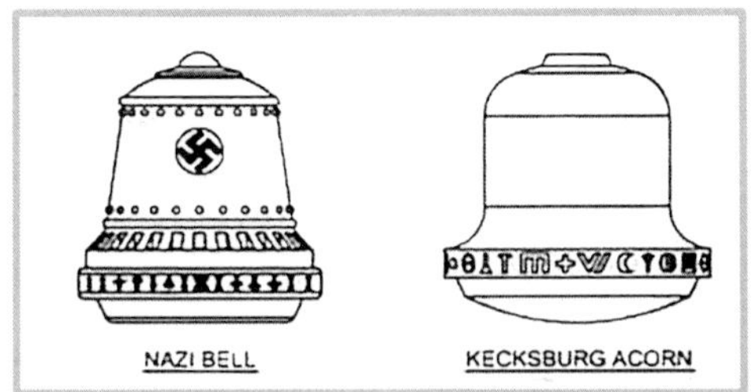

Nazis und Runen, gut das könnte stimmig sein, aber, die Amerikaner haben 20 Jahre gebraucht das Ding in die Luft zu kriegen. Es war die erste Sichtung dieses Gerätes. Mal angenommen, das war ein Geschäft mit Aliens, ein Deal, was war der Preis? Die Gegenleistung? Die Runen eine außerirdische Schriftform?

Wir haben nun die Kenntnis der Sichtung in Niederschlesien, wenn ich erinnern darf. War es vielleicht doch der Handel mit Menschen. Und nach der Kapitulation des Reiches, ist da wer in das Geschäft eingestiegen? Irgendwie hat das ganze ein Geschmäckle, wie die Schwaben sagen, aber kein Gutes. Ich glaube es stinkt. Man kann es nur ahnen, aber nicht beweisen.

Die nächste missglückte Flugdarbietung fand dann auch in Australien statt, 1966 in Melbourne, in der Nähe der Westall-High-School.

Der Westall-High-School – Zwischenfall – eine missglückte Flugdarbietung?

Gleich in zweifacher Ausführung. Zwei diskusförmige Objekte landen in der nähe einer Schule und wurden von ca. 100 Kindern begutachtet. Eines der Kids war so mutig einen Diskus anzufassen. Heiß das Ding! Bei allen Berichten über den Vorfall wird nur einmal ein kleines Flugzeug am Himmel erwähnt.

Wir dürfen jetzt mal kurz grinsen. Die Objekte sind dann weitergeflogen. Im Fernsehen lief "Star Trek“ „Raumschiff Enterprise“ in Deutschland „Raumpatrouille“. Klar, dass das Außerirdische waren in Australien. Auf amerikanische Experimente kam da niemand, bis heute nicht.

Am 6. April 1967 gab es den nächsten auffälligen Zwischenfall. In der nähe von Shag–Harbour klatschten zwei Objekte ins Meer. Fischer haben zugesehen. Seltsamerweise war die amerikanische Marine sofort zur Stelle. Ob was geborgen wurde, unbekannt. Schwachstelle Antrieb wahrscheinlich.

Auf die Frage wie ich darauf gekommen bin, das US-Geheimprojekte sich unter der allgemeinen UFO-Hysterie verstecken gibt uns das Jahr 1979 die Antwort.

Es war wieder der menschliche Faktor. Aber auch militärische bzw. strategische Überlegungen die mir die Wahrheit offenbarten. Inzwischen gab es eine neue Generation Flugobjekte mit alternativem Antrieb. Im September des Jahres 1979 ereignete sich so etwas wie eine UFO-Welle in Süddeutschland.

Einfallsrouten der Russischen-Westgruppe

Mit den Einfallgebieten der Warschauer-Pakt-Staaten nach Süddeutschland, es wäre ja immer ein Angriffskrieg von Osten gewesen. Also die Objekte haben die möglichen Routen der Sowjetpanzer abgeflogen. Donautal, Altmühltal, Neckartal, im Kriegsfall Durchzugsgebiet der Sowjetischen Panzerspitzen und ihrer Verbündeten.

Im September des Jahres waren einmal fünf Streifenwagen der Polizei hinter mehreren Objekten her. UFO's will ich jetzt nicht mehr sagen. Über der alten Bischofsstadt Eichstätt beobachtete ein Kochlehrling mit seinem Freund die Objekte aus nächster Nähe majestätisch über der Stadt dahingleiten. Später nachts noch einmal in einem Wald. Eichstätt im Altmühltal liegt auch an einem der angenommenen Durchmarschwege für einen Schwenk nach Norden. Panzerkampftaktik für Anfänger.

Für mich stand die US Herkunft der Objekte fest als ein Pilot sich allzu sehr für die Audi-Fabrik in Ingolstadt interessierte. Mein Bruder war damals dort beschäftigt. Zu dieser Zeit des kalten Krieges musste die Fabrikation innerhalb einer Woche auf Panzer umgestellt werden können. Aber Autos sind ja auch was Schönes und wo die herkommen ist auch sehr interessant. Es war halt ein Werksbesuch anderer Art. Es sei denn, die Aliens waren militärisch, strategisch und taktisch interessiert. Das war jetzt eine lästerliche Aussage meinerseits. Oder die Aliens sind Autofans?

Die Urkatastrophe dieses Flugobjekttyps fand aber in der Nähe ihres Stützpunktes statt. Die amerikanische Militärbasis Woodbridge in Suffolk. In dem Bereich des Randlesham Forest.

Wieder Antriebsprobleme bei einem Objekt. Nur diesmal sichteten Militärpatrouillen das havarierte Objekt. Zeugen vom Sargeant bis zum Colonel.

Aussagen, Zeichnungen, ein Tohuwabohu vom 26. bis 28. Dezember 1979. Der jetzige Journalist Nick Pope war damals Chefermittler der Royal Air Force. Seine Nachforschungen stießen ins leere oder auf Ablehnung. Schließlich sagte ihm Margaret Tatcher, dass für das United Kingdom zu keiner Zeit Gefahr bestand. Basta. Er schrieb ein Buch über die Geschehnisse. Das die Objekte geheime Flugobjekte und absolut nichts Außerirdisches waren, konnte ich ihm bestätigen. Er ahnte es ohnehin schon wie er mir mitteilte. Die Objekte über Süddeutschland wurden als dieselben identifiziert die Sergeant Penniston im Wald von Randlesham gezeichnet hatte. Das ist aber noch nicht alles.

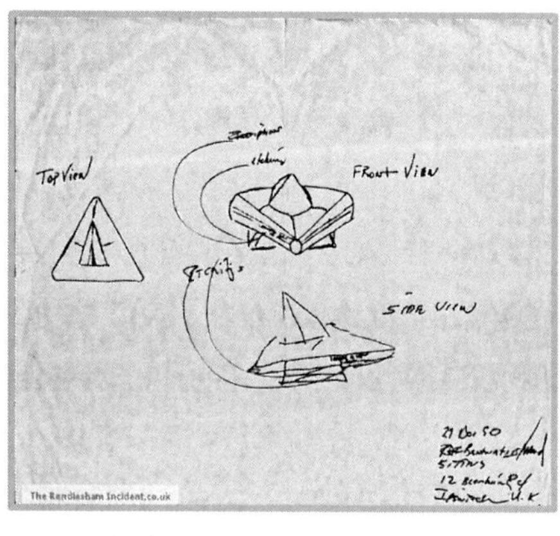

Zeichnung von Sargent Penniston

In 39 Jahren der UFOlogie hat es noch niemand fertiggebracht, die Ereignisse in England mit einem anderen Vorfall am 29.12.1979 in den USA zu verbinden.

Einen Tag später! Den Cash-Landrum-Vorfall. Wir erinnern uns. Die Damen Betty Cash und Vicky Landrum waren in einem PKW unterwegs als ihnen eine Anzahl schwerer Hubschrauber mit einem strahlenden diamantenförmigen Objekt am Haken begegnete das Flammen nach unten strahlte. Die Damen erlitten ziemliche Strahlenschäden.

Die Hubschrauber sollen dem NRO, dem National Reconnaissance Office unterstanden haben. Ich glaube kaum, dass diese Hubschrauber von Aliens angemietet waren.

Aber wie wäre es damit.

Der defekte Antrieb in England erforderte die Lieferung einer neuen wie auch immer gearteten Antriebseinheit. Das heißt im Umkehrschluss, der alternative Antrieb dieser Geräte ist gefährlich, erfordert jede Menge Energie und ist anfällig wie einst bei der Glocke. Bei den Objekten gibt es keinen Zweifel über ihre US-Herkunft mehr.

Nur über die Sache mit dem Antrieb und seiner Gefährlichkeit wissen wir noch nichts. Außer dass er lautlos ist und ein majestätisches gleiten ermöglicht.

Der nächste für uns interessante Vorfall führt uns im Oktober 1983 nach Frankreich. In den X-Akten lief der Bericht unter dem Titel „Der Gärtner“. Wieder die alte Macke, einem Diskus geht die Kraft aus und landet in einem Vorgarten. Eine herbeigebrachte Kamera funktioniert nicht – Mechanik versagte odr Kein Film – und allmählich flog das Ding wieder ab und ward nicht mehr gesehen. Der Zeuge, der Gärtner, konnte den Diskus jedoch sehr gut beschreiben. Er war aus Beryllium, schwarz. Wahrscheinlich ist dieses Material geeigneter gewesen durch seine physikalischen speziellen Eigenschaften zum Betrieb der Flugobjekte. In den nächsten Jahren wehte der „Wind of Change“ über Europa und die politische Lage begann sich bedeutend zu verändern. Der Kalte Krieg näherte sich dem Ende. Der sogenannte Kalte Krieg war jedoch in Wirklichkeit ein Krieg der Wirtschaft und der industriellen Leistung, und den hat der Warschauer Pakt samt ihrer kommunistischen Ideologie und starren Planwirtschaft mit Hurra verloren. Wirtschaftlich dar nieder, begann man sich in Ost und West anzunähern. Glasnost, Perestroika, Coca-Cola und McDonalds. Nicht jedem gefiel diese Entwicklung.

Vor allem die alten eingeschworenen Kommunisten hatten große Probleme mit dem "Wind of Change". Polen. Ungarn, die Tschechoslowakei, Rumänien und Bulgarien, einst Satelliten der Großmacht Sowjetunion. Überall gärte es. Pleite waren sowieso alle. Die Baltischen Staaten, einst Stalin's brutalem Liebeswerben erlegen. Weg von Moskau. Freie Gewerkschaften in maroden Betrieben. Aber wir sind ja Militärgeschichtler, also. Hungernde Soldaten in verfallenden Kasernen, Offiziere, die nicht wussten, ob sie morgen noch ihre Familie ernähren konnten. Schiffe, Flugzeuge, Panzer in Rost und Dreck. U-Boote in erbärmlichen Zustand. Und nicht zuletzt Atomwaffen in fragwürdigen Händen. Wer war der Feind? Der alte Feind oder der neue Feind, der die Ordnung in Frage stellt?

Der "Wind of Change" war ein kalter brutaler Wind, ein gefährlicher Wind. Wie gefährlich, das sehen wir, wenn wir auf die Zustände in der DDR zu sprechen kommen.

DEN OSCAR IN BESCHISS

Mystifizierung des Mothman – Fake oder Wirklichkeit?

Dieser Vorfall gehört zwar weder in den Bereich der Militärgeschichte noch in den der UFOlogie, wirft aber ein bezeichnendes Beispiel auf, wie diverse Behörden in Sachen Vertuschung und Verleugnung vorgehen. Der Film „The Mothman Prophecies“ mit Richard Gere in der Hauptrolle nach einem Buch von John Keel ging zwar bei der Oscarverteilung leer aus. Einen Oscar in Tricksen und Lügen wäre es allemal wert gewesen. In diesem Falle wurde mit paranormalen Erscheinungen ein Szenario der Angst erzeugt. Der Fall ereignete sich in Jahre 1967 in Point Pleasent.

Ein 2 Meter 13 großes mottenähnliches Wesen mit rotglühenden Augen und Flügeln versetzte die Stadt in Unruhe. Weil das Glück mit den tüchtigen ist, brach dort noch eine Brücke zusammen mit 46 Todesopfern, was zur Mystifizierung des Mothman beitrug. Ein Denkmal hat er auch bekommen. Der Mothman wurde hauptsächlich in der Nähe einer alten Fabrik und bei leeren alten Munitionsbunkern gesehen. Auch im Flug unter schaurigem heulen. Den Parapsychologen ging natürlich einer ab, mal ganz salopp gesagt, zumal auch über der Fabrik ein UFO gesehen wurde. Ein weißer leuchtender Ball. Eine Premiere gab es in Point Pleasent auch noch.

„Man in Black“ – Die gabs damals zum 1. Mal

Zum ersten Mal tauchten schwarzgekleidete Herren mit Sonnenbrille, auf die die Zeugen grob einschüchterten. Später wurde bekannt, dass die sogenannten „Man in Black“ vom Luftfahrtministerium bezahlt wurden und vielleicht noch werden. Wenn die Herren bei mir auftauchen werde ich mal nachfragen. Wie ich hier deutlich zu verstehen gegeben habe, habe ich vor dieser „Paranormalen Erscheinung“ nicht den geringsten Respekt. Übersetzen wir doch mal das „Drehbuch“ auf Klartext. Wir heuern einen stämmigen Geheimdienstbeamten, basteln ihm beim Schmied eine Metallkluft mit Flügeln und ein paar rote Lichter in die Augen. Dann besorgen wir ein Fluggerät für einen Raketenmann. Ach so, dass gab es ja erst bei der Eröffnungsfeier zu Olympia 1984. Wir wollen mal nicht so kleinlich sein, man muss ja nicht jedes neue Spielzeug gleich auspacken. Ein Foo-Fighter wurde ja dann auch noch gesehen.

Also, Frage?!

Was wurde in der alten Fabrik wirklich gemacht oder besser gebaut was diesen Zirkus notwendig werden ließ. Muss schon was besonderes gewesen sein.

Bleiben wir doch noch etwas in Hollywood. Ein absoluter Klassiker ist Steven Spielberg's Unheimliche Begegnung der dritten Art. Spielberg's UFO ist wohl allgemein bekannt. Beraten von Experten allen voran Alan J. Hynek wurde der Diskus nach diversen vorangegangen Ereignissen konzipiert.

Denken wir doch mal logisch. Kann eine außerirdische Zivilisation so eine Lichtorgel am Raumschiff haben? Die reinste ... Ähm ... Puffbeleuchtung! Das ganze nach Fachberatung durch Koryphäen der Ufologie. Oder erfolgte die Ausstattung nach Vorbild des Alien-Flottillenpuffs. Denken wir doch mal darüber nach. Es gab Sichtungen und Ereignisse zum Beispiel in Madagaskar 1954 wo solche Leuchterscheinungen beschrieben wurden.

Jetzt kommt ein dickes aber. Das Geblinker ist unlogisch in höchstem Maße, oder sind Sie anderer Meinung als ich. Dramaturgisch voll wirksam für überraschte Zeugen oder ein schnelles verwackeltes Foto. Also warum, Erklärung gesucht.

Wir haben also einmal fliegende Objekte in Diskusform seit dem 2. Weltkrieg. Wir haben ebenso diskusförmige Objekte mit Zirkusbeleuchtung. Alles schon seit den Fünfzigern.

Nun haben wir aber auch die kläglichen amerikanischen Flugversuche von Alan, dem Außerirdischen, der Glocke bei Kecksburg, dem Westall-High Zwischenfall, vielleicht noch Shag-Harbor, die wir jetzt eindeutig zuordnen können.

Als Fazit wäre zu sagen: das deutet stark auf die von mir vermuteten Alien-Mensch-Geschäfte hin. Den Snowbird oder sonstiges megafortschrittliches Beutegut. Die Ausstattung mit Lichteffekten zur Zeugenverarschung durch die Geheimdienstler war kontaproduktiv.

Nun meine lieben Leser dieses Büchleins, was ist der Weg etwas Licht in das Dunkel zu bringen – Ansehen, trennen und analysieren.

YELLOW SUBMARINE

Durch das Periskop von USS Trepang, einem U-Boot der US Navy 1971

Ein anderes Phänomen, das einer kurzen Bewertung bedarf sind die sogenannten USO's. Unidentifizierte Unterwasserobjekte. 1971 machte die Besatzung des Unterseebootes USS Trepang einige spektakuläre Fotos einer aus dem Wasser aufsteigenden Walze. In den achziger Jahren entdeckte ein russisches U-Boot im Bermudadreieck ein Unterwasserobjekt mit einer Geschwindigkeit von 400 Knoten. So im ZDF, „Das Bermuda Dreieck".

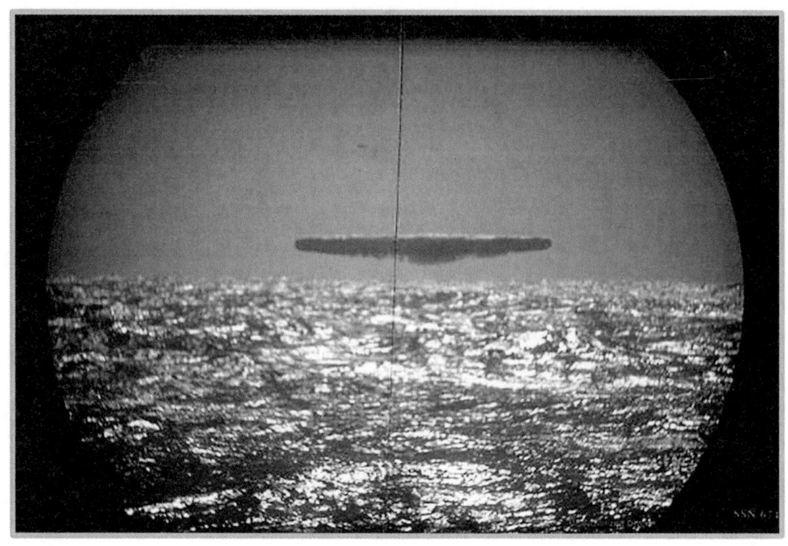

Einer kuckt doch immer – was kann das sein?

Des Rätsels Lösung fand sich dann auch wieder in einem Bericht in den X-Akten. Eines Tages wurde der Besatzung der USS Nimitz, einem großen Flugzeugträger, befohlen das Deck zu räumen. Das taten dann auch alle bis auf einen. Die Frage wäre jetzt, würde ein Alienkommandant diese Bitte an den Captain der Nimitz richten, weil er aus dem Wasser starten will? Oder eher das Oberkommando, weil ein geheimer Uboot-Dingsbums aus dem Wasser in die Luft steigen will.

Auch hier ist die Antwort klar. Die Aufhebung der Schwerkraft ist unabhängig von dem Element, in dem sich das Objekt befindet. Was in der Luft funktioniert, funktioniert auch im Wasser. Dessen ungeachtet wurden auch walzenförmige UFO's gesichtet.

Also die Urheberschaft der Unterwasserobjekte als Alienprodukt ist vom Tisch. Oder etwa nicht? Wo wurde die Walze gefertigt. Das Gerät hat ja nun eine ordentliche Wasserverdrängung. Kann das auf einer Navy-Werft gebaut worden sein?

Wenn ja, dann war die Geheimhaltung wirklich perfekt. Kompliment. Von walzenförmigen Flugobjekten wurde auch über der Sowjetunion berichtet auch schon in den Fünfzigern. Es drang ja kaum was durch von hinter dem eisernen Vorhang. Auf alle Fälle drängt sich mir der Vergleich auf mit unseren identifizierten amerikanischen Objekten, also der Glocke 1965, den Westall-High Diskussen etwas später, bis zum Randlesham-Bat 1979 über Bayern. Also, die USS Trepang Fotos waren aus 1971. War man da im Geheimbereich der US-Forschng schon in der Lage ein derart großes Objekt zu bauen und zu fliegen? Sind möglicherweise Komponenten der Walze in der alten Fabrik in Point Pleasent gefertigt worden. Abgeschirmt von den Man in Black und vom Mottenmann? Wir haben den Randlesham-Bat und das schwarze Dreieck 1979 bzw. 1990 in Belgien und 1993 in England verifizieren können.

Woher zum Teufel kommt die Walze! Ich bin ja nun in Sachen Modellbau nicht ganz unbeschlagen. Das Ding sieht mir fast so aus wie ein Unterseeboot der späteren Nautilus-Klasse und ihren Nachfolgern. Den Turm weg. Die Schrauben und das Ruder raus. Der Atomreaktor wäre schon vorhanden. Jetzt bauen wir die Antigravitation ein, wie auch immer die funktioniert. So, wie fliegt dann das Ding. Plasmamagnetisch eventuell. Oder was wahrscheinlicher ist, der Antrieb der Glocke und des Diskus. Ja, das könnte hinkommen.

Soweit unsere Planung in Gedanken. Jetzt brauchen wir ein U-Boot. Woher nehmen? Ist eines abgesoffen, das wir heben und umbauen können oder gelingt es uns so eine Hülle im Geheimen bauen zu lassen? Zur Erinnerung, ein gesunkenes russisches Atom-U-Boot wurde auch in Geheimoperation unter Mitwirkung von Howard Hughes gehoben oder ein Teil davon. Dann hätten wir also unsere U-Boot-Walze. Da fliegt mir noch ein Gedanke übers Tableau. Spektakuläre Fehlleistungen über liegengebliebene U-Boot-Walzen sind nicht überliefert. Aber dafür das Lied von der Glocke, neuere Version a la Kecksburg. Liegengebliebene Diskusscheiben, die sich von 1950 bis nach Randlesham ziehen.

Schlussfolgerung. Hatten die zu wenig Energie zum fehlerfreien Flug? Ist der mutmaßliche Atomreaktor der U-Boot-Walze in der Größe ausreichend gewesen? Ist vielleicht die Walze die Großmutter des schwarzen Dreiecks? Ich glaube, wir haben es hier mit zwei verschiedenen Antriebsarten zu tun. Die des Diskus oder der Glocke und die weiße Energiekugel genannt Foo-Fighter. Des Weiteren rückschließe ich, beide Antriebe brauchen viel Energie aber kaum oder gar keine Elektronik.

Warum soll das nicht funktionieren? Im Labor mit einer kleinen Eisenkugel gelingt es doch auch diese schweben zu lassen. Dafür brauchen wir die Hilfe der kleinen Grauen nicht. Oder doch? Spekuliert wird ja auch über riesige geheime Unterwasserbasen.

Teufel auch, wenn ich für jedes Mal, wenn ich "geheim" oder "vielleicht" schreibe Fünf Euro bekommen würde ...... und für "ich glaube" n'Zehner. Seufz.

GRENZ-ECHO — Freitag, 1. Dezember 1989

Ufo gesichtet

Sonderbare Erscheinung am Himmel im Eupener Land

Eupen. — Rätselhafte Beobachtungen machten Mittwoch abend eine Gendarmeriestreife und verschiedene Bürger im Eupener Land. Die Gendarmeriestreife sichtete gegen 17.30 Uhr ein unbekanntes Flugobjekt (Ufo), das sich aus Richtung deutsche Grenze der Stadt Eupen näherte. Um was es sich dabei handelte war nicht genau auszumachen. Das Flugobjekt hatte drei starke Scheinwerfer auf den Erdboden gerichtet, hinter deren Licht der Flugkörper selbst verborgen blieb.

Das Flugobjekt bewegte sich in einer Höhe von 300 bis 400 Metern fast geräuschlos fort. Lediglich ein Brummen wie von einem starken Elektromotor war zu vernehmen. Ab und zu verharrte das Objekt bewegungslos am Himmel, während weitere Lichtstrahlen zur Erde zuckten.

Plattform

Die Gendarmeriebeamten der Brigade Eupen die das Ufo beobachteten, beschrieben es als eine Art Plattform, von der in Flugrichtung zwei Scheinwerfer auf den Boden gerichtet waren während ein dritter am Heck des Objekts erstrahlte. Dazwischen habe sich eine orangefarbene Blinkleuchte befunden.

Das Ufo bewegte sich zielstrebig über Baelen in Richtung der Gileppe Talsperre. Hier verharrte es nach Augenzeugenberichten etwa 45 Minuten lang, ehe es in Richtung Spa verschwand. Dem Vernehmen nach wurde das Objekt auch über Spa beobachtet, wo es etwa 30 Minuten lang zu sehen war.

Zweites Objekt?

Doch nicht genug mit dem einen geheimnisvollen Flugkörper. Nachdem der erste verschwunden war, tauchte ein zweiter über dem Eupener Land auf (oder kehrte der erste zurück?) und flog in großen Schleifen zunächst längs der Autobahn so als ob die Insassen etwas auf dem Boden suchen würden. Auch hier flog das Objekt wieder sehr tief und leuchtete mit starken Scheinwerfern den Boden ab. Von der Höhe des Walhorner Feldes waren diese Manöver des Ufos von den Augenzeugen gut zu beobachten. Schließlich entfernte sich der Flugkörper in Richtung Bleyberg und niederländische Grenze.

Die Gendarmeriestreife teilte ihre Beobachtung unverzüglich dem Flughafen von Bierset mit, jedoch konnte man dort auf den Radarschirmen nichts feststellen, da offenbar die Flughöhe der Objekte für eine Erfassung durch Radarstrahlen zu gering war.

Inzwischen wird aus der Provinz Luxemburg eine ähnliche Beobachtung gemeldet. Dort sichtete ein Beamter der Flugsicherung von Bastogne ebenfalls einen mit drei Scheinwerfern ausgerüsteten Flugkörper in der Nähe von Longvilly, der sich längs der belgisch-luxemburgischen Grenze fortbewegte.

Spekulationen

Bleibt nun das Rätsel, um was es sich bei diesem Flugobjekt gehandelt hat. Ein Flugzeug oder ein Hubschrauber kann es nicht gewesen sein. Bleibt zu vermuten, daß es sich um ein Luftschiff gehandelt hat, wie sie zu Werbezwecken eingesetzt werden. Allerdings sind diese meist nur tagsüber im Einsatz. Es wäre jedoch möglich, daß die Besatzung eines solchen Luftschiffs einmal einen nächtlichen Ausflug unternommen hat, um den Anblick der beleuchteten belgischen Autobahnen und Landstraßen zu genießen.

Sollte es sich bei der Erscheinung nicht um ein irdisches Objekt gehandelt haben, bleibt noch die Möglichkeit eines Besuchs aus dem All. Vielleicht sind die Hilferufe des zottеligen Alf inzwischen von seinen Freunden im Weltraum gehört worden und die suchen ihn nun im Eupener Land.

Neben den Behörden, die sich intensiv mit dem unbekannten Flugkörper befassen, nimmt auch unsere Redaktion gerne Informationen über Beobachtungen in Zusammenhang mit dem Flugobjekt entgegen.

[illegible]

Bei den US-Streitkräften hat er den Spitznamen „Bat“ die Fledermaus. Das schwarze, fast lautlose fliegende Dreieck. In den Monaten von Ende 1989 bis Frühjahr 1990 sahen viele Zeugen dieses seltsame Objekt, oder Objekte in ganz Belgien, ich gehe davon aus, dass es damals schon mehrere dieser Fluggeräte gab. Auf drei weißen Energiebällen schwebend bewegte es sich über Felder und Dörfer. Belgische Ingenieure bezeichneten es als Plasma-magnetisch-elektrischen Antrieb. In der Mitte des Objekts ein rötlich leuchtender Punkt, der sich zur Erde ausdehnen kann wie eine Leitung. Die weißen Bälle würde ich für Nachkommen der Foo-Fighter halten. Was es mit dem roten Punkt auf sich hat, darüber kann ich nicht mal mit einer auch nur halbwegs brauchbaren Theorie aufwarten. Ich würde es für Alientechnik halten. Zweck, unbekannt.

Angefertigte Zeichnung nach Zeugenberichten

Fotos, Zeichnungen, Zeugenaussagen sind vorhanden.

Sogar Jagdflugzeuge wurden zur Verfolgung eingesetzt, letztlich erfolglos, die Objekte waren zu schnell und dazu ungeheuer manövrierfähig.

Ich denke hier an die Antigravitationstechnik. Diese Jahre waren aber auch der Beginn einer globalen Vernetzung. Hacker und Whistleblower kamen dazu, das Internet tat ein Übriges. So war es nicht verwunderlich das irgendwann im Zusammenhang mit diesen Dreiecken Begriffe auftauchten. Projekt Aurora, die Bezeichnung TR3B und „Black Manta".

Dienststelle war hier wieder das geheimnisvolle NRO. Ich würde den TR3B als Nachfolger des unglücklichen Randlesham-Forest-Objekts sehen, das gerade im Süddeutschen Raum des Öfteren gesehen wurde, Ende der siebziger Jahre, wir sprachen davon. Auch denke ich, dass die Experimente mit dem Beryllium-Diskus erfolgreich verliefen. Ich verweise auf die Geschichte mit dem Gärtner in Frankreich 1983. Nun haben wir das „schwarze Dreieck" also eindeutig identifiziert.

Es fliegt immer noch.

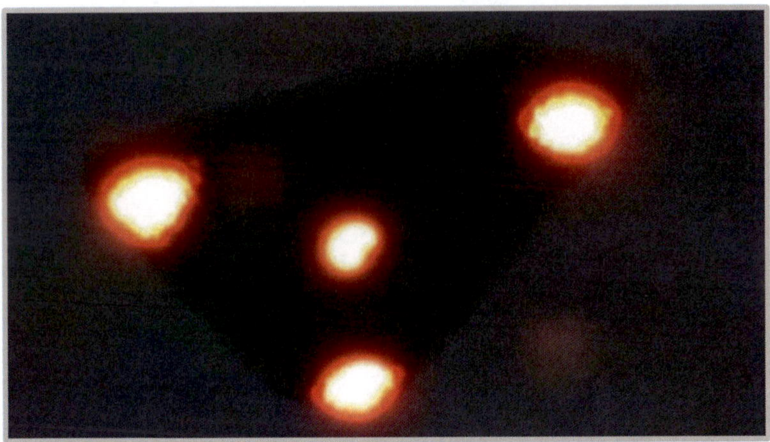

Der „BAT"

Warum also dieses supergeheime neue Gerät in einer monatelangen Flugshow in Belgien vorführen. Unter den Augen des Warschauer Paktes. Vor den Augen der Öffentlichkeit. Die Antwort ist relativ einfach. Nur muss der Fragende sich in die damalige Zeit zurückversetzen.

Der Kommunismus ist gescheitert. Wirtschaftlich und menschlich. Franz-Josef Strauß hat in den Vorjahren mit dem sogenannten „Milliardenkredit" den Lebensfaden der DDR, die vielleicht deutsch aber nicht demokratisch war, soweit verlängert, bis eine neue Zeit einkehren konnte. Ich sprach die „Winds of Change“ schon an. Der Bruder stand nun vor der Tür, Er, der uns Westdeutsche bekämpft und bedroht hat. Er, dessen Arbeiterparadies sich als Sklaverei eines Systems privilegierter Bonzen entpuppt hat. Doch jetzt fuhren die bemitleidenswerten Trabis auf den Autobahnen neben Daimler und anderen Karossen und Deutschland wurde eins. In aller Brutalität doch ohne böse Gedanken, der Schrott wurde aufgekauft mit einer dicken Brieftasche von der einstigen Siegermacht die wirtschaftlich genauso beschissen dastand wie der Rest vom Sowjetreich.

Doch da war ja noch etwas in der Konkursmasse der DDR. Die Westgruppe der Sowjetarmee. Die waren jetzt natürlich überflüssig und mussten zurück. Zum Stichwort „Westgruppe". Jetzt wird es wieder militärgeschichtlich. Die Sowjetstreitkräfte waren sogenannte Stossarmeen. Konzipiert mit Massen von Panzern nach Westen vorzudringen. Unterstützt von Flugzeugen und Infanterie.

Sehen wir uns nun mal den einfachen Sowjetsoldaten an, stationiert irgendwo im Ural. Eine arme Sau. Mit ein paar Rubelchen Taschengeld, schlecht ernährt, Kohlsuppe, wenn er Glück hatte war ein Stück Brot dabei. Jetzt werden wir uns die Westgruppe näher ansehen, ausgerüstet mit dem Besten was die Technik zu bieten hatte. Der einfache Soldat bekam ein Taschengeld in Ostmark, für uns heute lächerlich aber für damalige Verhältnisse für den Soldaten ein Vermögen! Die

Offiziere lebten in Wohnungen mit Frau und Kind und wer noch Beziehungen zu einer LPG hatte, eine landwirtschaftliche Produktionsgenossenschaft, falls das in Vergessenheit geraten ist, das war der Himmel auf Erden im Kommunismus.

Ein Beispiel war, wie sich die Soldaten aus erhitzter Schuhcreme Wodka destilliert haben. Das war, keinesfalls ein Scherz, sondern bittere Wahrheit. Das sollte man jetzt dem Feind überlassen? Übersiedeln nach der Sowjetunion? Raus aus der Komfortzone DDR.

Es rumorte vor allem hinter den verschlossenen Türen der Offiziersmessen. Die Millionen von Toten des 2. Weltkrieges auf sowjetischer Seite. Als Gegenleistung den halben „Goldenen Apfel“ Berlin. Jetzt soll das Stück Deutschland, die Beute, die mit Blut unzähliger Soldaten bezahlt ist, zurückgegeben werden? Die Helden retour in die bröckelnde Sowjetunion, womöglich nach Fernost.

Versetzen sie sich bitte in die Gedanken dieser Leute zur damaligen Zeit. Sollte man da nicht den Tod auf dem Schlachtfeld bevorzugen. Wut aufkommen lassen. Losschlagen, vernichten den dekadenten Westen. Meuterei?

Stellen wir doch ein paar strategische Überlegungen an. Wie würde der sowjetische Angriff wohl ausgesehen haben. Eindeutig die Antwort. Durch die niedersächsische Tiefebene im Norden. Im Süden durch die Tschechei ins Donautal. Anschließend wie im uralten „Schlieffen-Plan“ wie 1914 durch Belgien nach Frankreich und von dort zum Atlantik.

Durch die Präsentation der neuen Flugobjekte, die den Dienststellen im Osten natürlich nicht verborgen geblieben ist, wurde eine unmissverständliche Warnung ausgesprochen. „Lasst die Finger von solchen Gedanken, bevor ihr sie euch verbrennt!". „Wir haben Möglichkeiten, die ihr euch nicht im Traum vorstellen könnt!“.

Dies war die Botschaft der „belgischen UFO-Welle". Die weitere Entwicklung gab den Strategen recht. Gemeutert wurde trotzdem, später in Moskau.

Für diesen Einsatz sollten gerade wir Deutschen den Amerikanern dankbar sein. Vielleicht auch als späte Wiedergutmachung für die nach dem 2. Weltkrieg abgegriffene Beutetechnik. Wenn es zu einem Angriff meuternder Truppenteile gekommen wäre. Deutschland wäre restlos zerstört worden. Auch wenn der Angriff letztlich gescheitert wäre. Dem Schicksal sei Dank und der dicken deutschen Brieftasche, dass die Wiedervereinigung so relativ reibungslos abging. Traurig nur, dass das Versprechen „Keine NATO-Osterweiterung“ so schnöde gebrochen wurde.

Abschließend ergäbe sich von meiner Seite aus, die Frage, warum die UFOlogen und Forscher nicht von allein auf diese Tatsachen gekommen sind und diese UFO-Welle als erledigt und aufgeklärt betrachten.

DIE UNSICHTBARE SPUR DER FLEDERMAUS – PERFEKTE TARNUNG

Der „BAT“ die Unsichtbare – was fliegt noch über unseren Dächern?

Nach der Galavorstellung in Belgien, die sicherlich dazu beitrug den friedlichen Übergang in das neue Jahretausend zu gewährleisten. wurde es still um den „BAT". Da er dem NRO unterstand war seine Bestimmung die unauffallige Aufklärung. Reconnaissance gleich Erkenntnisse. Besatzung. Antrieb. Fragezeichen.

Durch Hacker ist schließlich bekannt geworden, dass das Gerät die Erdschwerkraft auf 19 % herabsetzen kann. Den Effekt kennen wir ja schon aus vorherigen Schilderungen durch andere

Geräte und Flugkörper. Dazu sollte der „BAT“ eine Tarnvorrichtung erhalten haben die ihn praktisch unsichtbar macht. UFO-Forschern gelang eine Aufnahme am 27. Mai 2017 in Regensburg mit der Frage „was ist das?“

Auf dem Bild im Internet veröffentlicht, sieht man die drei Energiebälle im Dreieck angeordnet, dazu die Sterne. Bilder, die das Objekt sonst in den späteren 2.000er Jahren zeigt, könnten eher gestellt sein. Ebenso das werfen von Bomben. Das es dieses Objekt gab, wusste man nach Belgien genau. Im Sommer 2018 wollten zwei junge UFO-Forscher der mir bis dahin unbekannten „kollektiv.org“ in Franken UFO-Aufnahmen machen. Sie hörten, dass in der Gegend von Königsberg UFO's gesichtet wurden. Tatsächlich gelang eine Aufnahme die ich als sensationell bezeichnen würde. Nur die beiden Filmer wissen von nichts. Die Aufnahme zeigt den dunkelorangeroten Mittelpunkt des „BAT“ ohne die drei weißen Bälle, eine Flugbahn ziehend.

Nach meiner Kenntnis oder eher Ahnung ist dieses noch besser getarnte Objekt der Nachfolger des „belgischen BAT". Es ist ja alles streng geheim. Außer dass die NRO im Jahre 2018 eine neue Chefin bekam.

Jetzt schmeißen wir doch mal unsere Denkmaschine an!

Der plasmamagnetische, elektrische Antrieb, die Tarnung, auch die Abhöreinrichtungen. Ich glaube nicht, dass hier Kopfhörer und Stenoblock ausreichen. Das frisst Energie und die wird garantiert nicht mit Wassertreten erzeugt. Eine große Menge Energie und ich befürchte diese ist eine sehr schmutzige. Wenn ich dabei an den Cash-Landrum-Vorfall denke, in Verbindung mit der Randlesham-Havarie, würde ich mir wünschen, ich liege falsch mit meinen Annahmen.

Auf die Gefahr das ich mich wiederhole, es ist ja alles geheim! Ein fliegendes Atomkraftwerk, störanfällig, das unsichtbar über uns fliegt, Telefone, Email jedes Gespräch abhört. Eine einzige Horrorvorstellung.

Im Frühjahr 2017 gab es einen Vorfall nördlich Ingolstadt an der Donau, offiziell Sternschnuppen, mir wurde zugetragen, Leuchtkugeln, schwere Hubschrauber. Lassen wir es gut sein, an dieser Stelle aber fragen sie nicht nach meinem Gefühl dabei.

Es verbleiben in Sachen "BAT" noch folgende Fragen.

Der "BAT" und sein Vorgängermodell, nennen wir ihn mal "Randlesham-Bat". Hat er eine Besatzung oder ist es eine Drohne, wozu dient der rote Leuchtpunkt, der zur Erde reicht. Was treibt ihn an, wie funktioniert die Schwerkraftaufhebung? Nur eins ist sicher. Es gibt ihn. Und, wie viel außerirdische Technik ist in ihm verbaut.

In aller Bescheidenheit könnte man noch fragen, was war der Preis dafür. Oder besser, was war der Preis, den die Menschheit für die amerikanische Eitelkeiten zahlen musste.

War es ein Pakt mit dem sprichwörtlichen Teufel?

Was hat die Menschheit für diese Geschäfte bezahlt? Was war die Gegenleistung? Ich mochte in diesem Zusammenhang noch mal an den Vorfall 1915 auf der Halbinsel Gallipoli erinnern. Ein ganzes Regiment weg, fort, aus. Wurden die Soldaten zur Arbeit gebraucht oder für Experimente. Gab es im dritten Reich solche Tauschgeschäfte mit "unwertem" Leben. Und wenn ja, was haben die Amerikaner eingetauscht?

Hat dafür John F. Kennedy sterben müssen, weil er zu neugierig war?

Stellen wir uns doch einmal die Schlagzeile vor, US-Regierung tauscht Bürger gegen Alientechnik. Das gäbe einen Aufstand. Die Geheimhaltung und der Aufwand lassen schlimmes ahnen.

Oder mal andersrum.

Der Alien, es hat eine lange Zeit gedauert, bis sein Volk die interstellare Raumfahrt beherrscht hat. Die Geheimnisse des Kosmos entschlüsselt und die Wunder der Galaxis gesehen hat. Inzucht? Genetische Schwächen? Neue Gene reinzüchten, Hybriden, Krieger züchten? Was auch immer, mir graust bei der Vorstellung. Ist die Erde ein besserer Streichelzoo, oder ein Saustall und morgen gibt es Kesselfleisch.

Wie überlegen sind sie uns?

DIE HÖHLE DER FLEDERMÄUSE

Ein Flugzeug, Ausgangspunkt vieler Sichtungen – Was fliegt noch alles über unseren Dächern?

Durch das Wissen über die amerikanischen Geheimprogramme das uns nunmehr zu Verfügung steht, können wir ein Muster erkennen. Und zwar über die Sichtungen die letzten Jahre in Bayern. Ich habe im letzten Abschnitt über drei Sichtungen berichtet, die bisher nur als UFO-Sichtungen galten oder als Sternschnuppen. Wir konnten jetzt diese Sichtungen eindeutig zuordnen, identifizieren als "BAT" sowie im Falle Königsberg/Franken als Weiterentwicklung. Das überaus interessante bei diesem Königsberg-Fluggerät war die weitergehende Tarnung, die nun auch die drei Energiebälle oder sagen wir gleich Foo-Fighter umfasst hat, die nicht mehr zu sehen waren. Bei dem Regensburger Foto unter dem Titel "was ist das?" vom Mai '17 waren diese noch deutlich zu sehen. Ebenso die Tarnung, die ihrer Zeit mindestens 20 Jahre voraus ist.

Analysieren wir.

Die "BAT' s" unterstehen dem NRO. Sie werden also für Aufklärungsmissionen eingesetzt. Ich denke mal vorwiegend elektronische Aufklärung, ausspähen von E-Mails und Mobilfunktelefonie. Ich glaube aber nicht mehr, dass die Geräte wie in den 90'ern von der Basis Woodbridge in Südostengland eingesetzt werden. Ich erinnere an den berühmten Randlesham-Forrest-Vorfall. Seit damals ist die Grenze des NATO-Bereiches nach Osten ausgeweitet worden. Soweit, diese Apparate meinetwegen in Polen zu stationieren, wird man wohl Seitens der USA nicht gegangen sein. Nein, ich tippe auf Ramstein-Airbase in der Nähe von Frankfurt am Main. Groß genug, weitläufig genug, um so eine relativ kleine Einheit zu verbergen. In den meisten Fällen wurde die Fledermaus wie ihr tierisches Pendant nur des Nachts gesehen. So auch im Fall des Ingolstadt-Vorfalles. Der übrigens nie einer geworden ist.

Meine Wenigkeit, bekannt dafür, dass er das "Gras wachsen hört" hat bei unserer regionalen Zeitung angerufen. Dort wurde gesagt, nee, nee, waren Sternschnuppen. Auch sonst wurde wenig Interesse gezeigt an einer näheren Untersuchung oder einem Bericht. Mein Misstrauen blieb aber bestehen und wurde im September 2018 bestätigt. Eine Person, die des Nachts noch wach war, berichtete von Lichterscheinungen und schweren Hubschraubern im Landgebiet nördlich Ingolstadt. Ich tippe bei den Sternschnuppen auf sogenannte Flair`s um die Hubschrauber einzuweisen. Nachforschen wollte ja niemand. Also eine Havarie, eine flügellahme Fledermaus. Ich habe vorab je schon hingewiesen auf die unbekannte Antriebsform und deren mögliche Gefährlichkeit. Siehe auch meine Stellungnahme zum Cash-Landrum-Vorfall im Zuge der Randlesham-Vorfälle. Eine bayerische Großstadt könnte hier um Haaresbreite einer Katastrophe entgangen sein. Wenn ich mit meiner Vermutung richtig liege, und Ramstein-Airbase ist die Fledermaushöhle, ergeben sich folgende Rückschlüsse. Der Einsatz erfolgte in Richtung Südost also Syrien. Nach der Beinahe-Katastrophe bei Ingolstadt wurde die Flugroute geändert und zwar weiter östlich durch Süddeutschland in weniger besiedeltes Gebiet, was im Falle Regensburg auch zu einem aussagekräftigen Foto geführt hat. Dazu passt auch der weitere Bogen Richtung Königsberg in Franken. Nicht gerade Metropolregion, das ehemalige Zonengrenzgebiet. Eher ländlich und strukturschwach. Wenn ich mit der Zuordnung der Stationierung in Ramstein-Airbase recht habe ergibt sich folgender Schluss.

Der "BAT" ist eine Drohne. Also ohne Besatzung. Immer wieder mit der Einschränkung, dass nichts bestätigt ist. Wir fischen ja mit diesem Büchlein im Trüben der Geheimnisse. Da gehört auch der "BAT" dazu, samt seinem Antrieb und seinen Möglichkeiten. Soweit bekannt, werden auch die konventionellen Drohnen von Ramstein aus gesteuert. Könnte vielleicht stimmig sein, meine Vermutung. Die Menschen sind allgemein aufmerksamer geworden! Was mich stutzig macht ist die Häufigkeit der Sichtungen. Das wiederum spräche ebenfalls für Ramstein als Stützpunkt. Wenn sich nun jemand traut, vielleicht aus jener deutschen Partei, die sich als Hüter der

Umwelt versteht, und fragt an offizieller Stelle. Was fliegt da über unsere Köpfe des Nachts? Die Antwort wird dieselbe sein die Margaret Thatcher einst Nick Pope gegeben hat als er über die Vorgänge im Randlesham-Forrest Antworten wollte.

Die Bevölkerung der Bundesrepublik Deutschland war zu keiner Zeit gefährdet. Wer's glaubt wird selig. Das Blatt, das wir uns vor den Mund nehmen sollen, sollten wir zum schreiben benutzen! Ich weiß schon den Text. Wie sicher sind unsere E-mails? Wie sicher sind unsere Handys? Ist Big Brother unser aller Freund? Wenn wir nachts in den Himmel sehen und wir sehen was, was da nicht hingehört. Müssen wir uns Gedanken machen?

Und wenn wir nichts sehen, alles normal wie immer ....

DIE ABTEILUNG DESINFORMATION, THE "BOB"

Die Geheimdienste – was wissen sie?

Eine Variante der geheimdienstlichen Tätigkeiten ist die sogenannte Desinformation. Ihre Aufgabe ist es, den Feind zu verwirren, damit eigene Operationen einen möglichst guten Ausgang im Verlauf der Auseinandersetzungen haben. Das ist ein Stück Militärgeschichte. Es gehört zur Militärgeschichte! Ich kann gerne einige Beispiele aus dem zweiten Weltkrieg aufzählen.

Da gab es zum einen die sogenannte Geisterarmee am Pas de Calais unter George Patton, der damals gerade in Ungnade war. Die Gummipanzer sollten der Wehrmacht glauben machen, die Invasion würde dort stattfinden. Was letztlich auch gelang. Die Panzerreserve blieb im Raum Calais. Kritisch war die Landung in der Normandie nur kurz nach der Landung und das Unternehmen Overlord in der Normandie war letztlich erfolgreich. Hier war das Fehlen der Panzerreserve in den ersten Tagen entscheidend für den Erfolg. Etwas weniger bekannt ist die Geschichte von Major William Martin. Hier hatte sich der englische Geheimdienst eine tolle Sache ausgedacht. Sie holten sich die Leiche eines Mannes im mittleren Alter, der an Lungenentzündung erstorben war. Günstig war hier das vorhandene Wasser in der Lunge. Steckten diesen in eine Uniform versahen die Leiche mit einem angeketteten Aktenkoffer voller gefälschter Unterlagen über eine alliierte Invasion in Südfrankreich. Warfen den Leichnam an günstiger Stelle ins Meer. An der Küste angespült wurde dieser samt Fakeunterlagen den deutschen Behörden übergeben. Das band Truppen im Süden von Frankreich. Ein anderes Mal ging so was fast in die sprichwörtliche Hose. Kurz vor dem Westfeldzug der deutschen Wehrmacht 1940 stürzte ein Flugzeug mit einem Kurier über belgischem Luftraum ab. Samt einer Tasche mit den kompletten Unterlagen für den bevorstehenden Angriff der Wehrmacht. Mit soviel Glück hatte man auf alliierter Seite nicht gerechnet und die Informationen wurden ignoriert und nicht verwertet. Das Ergebnis versetzte die Gegenseite in staunen und die deutschen an den Atlantik.

Was haben diese alten Geschichten nun mit unserem Thema UFO zu tun? Ganz einfach, dass die Verwirrung und Täuschung mittels Geheimoperationen und unter Zuhilfenahme der Propaganda zur Werkzeugkiste der Behörden gehören. Und genauso müssen wir einen Fall angehen, der Anfang der neunziger Jahre in den USA Gemüter bewegte. Es sind die Aussagen des Physikers Robert Lazar. Dieser behauptete in den Medien er habe in Area 51 in der geheimen Sektion 4 außerirdische Flugkörper gesehen.

Der Antrieb dieser als Diskus beschriebenen Geräte sollte mit dem Element 115 funktionieren. Nun Element 115 und 116 wurden erst nach 2000 entdeckt und sind instabil. Lazar behauptete jedoch in anderen Teilen der Galaxis wäre Element 115 in fester Form vorhanden und die USA verfügten über eine beträchtliche Menge.

Die Geschichten um "The Bob" kann man nachlesen.

Was mich daran stört, ist die Tatsache, dass er noch lebt. Auch nicht eingesperrt oder bestraft wurde, außer für ein kleineres Vergehen im Zusammenhang mit einem Bordell. Die Berichte in den Medien verdrängten die Ereignisse in Belgien!! Die belgische Flugshow blieb also außen vor!! Natürlich ist er diffamiert worden, klar als Lügner und Fälscher und alles Mögliche.

Jetzt mal anders herum. Viele Zeugen in Sachen Alien und Technik haben wir nicht. Wir wissen aber, es wird vertuscht. Das heißt im Umkehrschluss die vielen beteiligten Personen haben ihre Geheimnisse mit in den Tod genommen. Das wiederum heißt, die Leute wurden ausgesiebt und nur die verlässlichsten der Verlässlichen in die Angelegenheit Alientechnik eingewiesen.

Nächster Schluss. Ich habe da einen jungen Ingenieur mit wackeliger Vergangenheit, von dem ich annehme das er bei erster Gelegenheit das Maul aufreißt. Dem erzähle ich die Story vom Pferd, präsentiere ihm Spielzeug aus der Mottenkiste der geheimen Flugerprobungen. Dann warte ich in aller Ruhe ab bis er zum nächsten Fernsehsender rennt und erzählt. Die drittwichtigsten Nachrichten fallen unter den Tisch. Meine Aktivitäten in Belgien bleiben außen vor. Die Sendezeit hat ihre Sensation. Genial.

Abgesehen davon, glaube ich nach Lage der Dinge nicht, dass in Area 51 nach der Eisenhower-Zeit noch Alientechnik erprobt wird. Geheimsachen wie Stealthflugzeuge oder andere Spielereien, ja. Unsere Spielzeuge eher in Nellis-Airbase. Hauptsache die Alienspotter sitzen mit ihren Ferngläsern und Kameras am Groom-Lake und schlürfen ihr Bier in Roswell und richten vor allem keinen nachrichtendienstlichen Schaden an.

Im Übrigen, wenn ich daran denke mit welcher Intensität der sogenannte UFO-Hacker Roy McKinnon von den US-Behörden verfolgt worden ist, oder noch wird.

Wenn an seinen Geschichten auch nur ein Funken Wahrheit wäre, dann wäre Bob Lazar vor ein Auto gelaufen oder im finstersten Verlies gelandet, wenn er Glück gehabt hätte. So wurde nur unsere Aufmerksamkeit abgelenkt, siehe Belgien.

Wie in vielen unserer Ermittlungen, sind es die Massenmedien, die zur Verschleierung der Tatsachen dienen. Vielleicht nicht mal mit Absicht. Wir sehen vor lauter Wald die Bäume nicht mehr oder die Aliens in den Bäumen oder die Bäume im Wald oder sonst was.

Ich wollte damit nur sagen, in diesem Teich fischen wir!

IM ZEICHEN DER UFOLOGIE

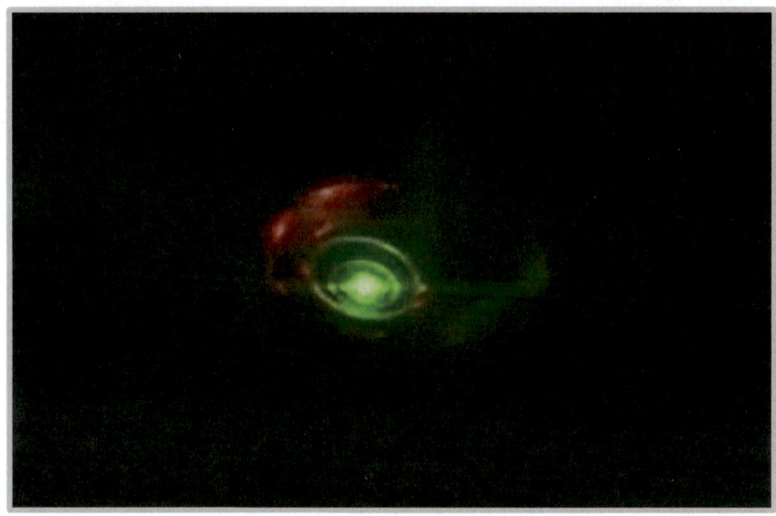

Die Lightshow von Madegasker 1984

Bis hierher habe ich in meinen Betrachtungen die Militärgeschichte zitiert, ihre Sparten, Geheimnisse, Beweggründe. Wenn der Eindruck entsteht ich würde wie viele andere Militärhistoriker den UFO-Forschen mit Misstrauen begegnen so ist dies grundfalsch. Gerade diese UFOlogen ist es zu verdanken, dass so viele Ereignisse, die nicht in normale Schubladen passen dokumentiert wurden. Ich sehe mich eher als Brückenbauer. Die UFO-Leute müssen sich anfeinden, beleidigen lassen und ich kann mich nur tief vor der Überzeugung dieser Leute und ihrer Arbeit verneigen.

Es ist Zeit sich die Hand zu reichen und gemeinsam zu forschen. Auch im Hinblick auf das Vorhandensein von außerirdischem Leben auf unserem Planeten. Das wir schon seit längerem unter Beobachtung stehen, womöglich sogar in „Geschäftsverbindung“ müsste wohl erwiesen sein. Die Aufgabe für die UFOlogie in der Zukunft ist meiner Ansicht nach der Exobiologie und die Exopolitik. Dazu kommt natürlich auch die Spreu vom Weizen zu trennen. Das heißt Trittbrettfahrer, Fälscher und Angeber zu outen, militärische Geheimprojekte zu identifizieren und von außerirdischen Aktivitäten zu separieren. Ebenso paranormale Phänomene zu erforschen. Amerikaner und Russen forschen schon seit Jahrzehnten an Telepathie, Telekinese und ähnlichem.

So sehe ich die Zukunft der UFOlogie.

Für alle die Leser, die jetzt mit zweifelndem Blick sich fragen ob das mit dem außerirdischen Leben wirklich stimmen kann. Gehen sie doch mal in einer sternenklaren Nacht spazieren, sehen sie nach oben zum Firmament, doch nur einem winzigen Ausschnitt von dem, was wir Kosmos nennen. Dann sehen sie herab in den Rinnstein und sehen das winzige Pflänzchen, das zwischen Beton und Teer herauslugt. Das Leben findet seinen Weg. Nicht nur hier. In den bisherigen Kapiteln habe ich den Einfluss geheimer, dazu auch mutmaßlich außerirdischer Technik auf Militärgeschichte, Geheimdienst und Kriegsentwicklung einer Bewertung unterzogen und so gut es geht dokumentiert und erschlossen. Viele dieser Informationen verdanken wir der UFOlogie und ihrer akribischen Fallforschung.

Nunmehr werde ich mich in den nächsten Kapiteln mit dem Einfluss dieser unglaublichen Kriegsbeute auf den großen

Gewinner des 2. Weltkrieges befassen. Den Vereinigten Staaten von Amerika. Im speziellen auf die Politik im Zusammenhang mit den Besuchern und ihrer Technik. Es kommt zu erstaunlichen und teilweise beängstigen Ergebnissen.

Also spekulieren wir mal.

Wie kommt diese Nation zu Alienkontakten? Gehen wir mal zurück in die dreißiger Jahre, zum "New Deal". In die Zeit von Franklin D. Roosevelt. Der Klerus war gerade von der These abgerückt, dass die Sonne um die Erde kreist und Orson Welles mit seinem legendären Hörspiel hat das ganze Land in Panik versetzt.

Es muss ja irgendeinen Grund gehabt haben die Nation in den Krieg zu hetzen? Gut, die Japaner als pazifisches Gegengewicht auszuschalten. Das wäre ein Grund. Der einzige Bezug zum Weltraum und unbekannten Lebensformen wären eigentlich nur H. G. Wells oder bestenfalls Jules Verne. Nein, nein, da muss noch was anderes im Spiel gewesen sein. Mir fällt da wieder der Absturz von Cape Girardeau ein, die Geschichte mit dem Pastor. Möglicherweise waren die hier geborgenen Teile ausschlaggebend für das Interesse der Geheimdienste. Weiter geht's. Im August 1941 wurde die Geheimdienstenigma entschlüsselt. Da zu dieser Zeit England noch an der amerikanischen Nabelschnur hing, wäre es nur allzu denkbar, dass hier alle Details geheimster deutscher Programme eilfertig in den Besitz der USA gelangt sind. So auch die Kenntnis über ein in deutschen Besitz gelangtes UFO oder sagen wir besser, gleich Raumschiff. Wie in meinen anderen Ausführungen, möchte ich an dieser Stelle wieder nicht ins Detail gehen. Jetzt wird es militärgeschichtlich. Es ist ja nun kein Geheimnis mehr seit Perestroika und Glasnost das eine

Woche nach dem "deutschen Überfall" auf Russland die rote Armee in Rumänien einmarschiert wäre.

So, was ist in Rumänien? Die Ölfelder von Ploesti! Ohne Mampf kein Kampf und ohne Benzin zurück nach Wien.

Das ist heute auch noch so. Ich könnte mir durchaus vorstellen, dass die Russen im Gegenzug für großzügige Hilfslieferungen bereit waren zum Kampf. Letztendlich wurden sie missbraucht, die deutsche Wehrmacht abzunützen, was ihnen auch unter fürchterlichen Opfern gelang. Die Amerikaner kamen dann rechtzeitig zur Beuteverteilung. Stalin und Hitler, das war wie Nitro und Glyzerin, das konnte nicht gut gehen. Also Streichholz hinhalten.

Natürlich ist da viel Spekulation dabei, aber mir drängt sich permanent der Gedanke auf, dass die Kenntnis und die Möglichkeit außerirdischer Beutetechnik auf oberster Ebene eine nicht zu unterschätzende Rolle gespielt hat.

Oberste Ebene heißt auch Patton. Diesen Beutezug zu verschleiern und in Freiheit, Demokratie und Kaugummi zu verstecken war eine außerordentliche Geheimdienstleistung. Ebenso wie ULTRA in Bletchley Park. Und genauso verschleiert und tarnt die Erprobung konventioneller Beuteobjekte wie der Nurflügler und andere Spielereien die Nutzbarmachung der abgegriffenen Alientechnik, ob im Nachkriegseuropa oder in der Antarktis. Und dann fällt einem Dorfsherrif ein Objekt vor die Füße und sagt, das kann nur ein Raumschiff sein. Ob es tatsächlich ein Alienkonstrukt war, ist in weiter ferne. Aber es hat einen Hype ausgelöst, wie es in Neudeutsch so schön heißt. Daraufhin wurde in den Medien ein noch größerer Super-Hype-Fake losgelassen. Bis hin zu "Independence Day". Die Aliens gehören ja fast schon zur Familie seit der Zeit. Bin ja mal gespannt ob die Akten jemals veröffentlicht werden. Bis dahin kann ich nur den Lolly lutschenden Police Lieutenant von Manhattan-Süd Theo Kojak, alias Telly Savalas zitieren mit seinem berühmten ....

... isses wahr .... ?

DIE MALMSTROM-AIR-BASE SACHE UND DIE SCHLÜSSE DARAUS

Wer war das, hinter diesem Toren der Air-Base

Es ist der 10. März im Jahre 1967. Malmstrom-Air-Base in Montana. Auf diesem Stützpunkt waren Interkontinentalraketen vom Typ Minuteman 1 in Abschussbunkern stationiert. An diesem denkwürdigen Tag erschien ein UFO über der Basis. Na gut, werden sie jetzt sagen in diesem Büchlein geht es um UFOs. Das bemerkenswerte an diesem Tag war aber das eine Rakete nach der anderen ihre Einsatzbereitschaft verloren hat. In den Silos waren nur noch tote Blechzigarren, keine Atomraketen mehr. Die Computer, abgekackt. Nachdem das UFO wieder verschwunden war ist, die Anlage wieder hochgefahren und die Einsatzbereitschaft wieder hergestellt worden.

Na gut, alte Geschichte. Aufgebackene UFO-Story. Gähn ....

Analysieren wir doch mal. Sehen wir uns das beschriebene Objekt über der Airbase mal an. Ein größerer Diskus mit rundherum Lichtern. Solch ein Objekt wurde zum Beispiel während des Madagaskar-Ereignisses gesehen. So ein Objekt wurde Steven Spielberg für seine Unheimlichen Begegnungen der dritten Art als Alien-Raumschiff vorgeschlagen. Er hat es auch so verwendet. Meine bescheidene Intention war, dass Aliens solche Lichtspiele nicht nötig haben, weil unlogisch. Außerdem, die anderen glaubhaften Sichtungen die definitiv nicht auf Menschenhand zurückzuführen waren, Soccoro ect. Da hat niemand von so einer Beleuchtung berichtet. Also, wir schlussfolgern. US-Geheimwaffe, flugfähiger Diskus. Die Lichtorgel zur Zeugenverdummung. Das Mittel, die Raketen auszuschalten, ein Magnetfeld. Wir erinnern uns an die Experimente in Schlesien und Norfolk/V A.

Fazit ist, das Land von Freiheit und Kaugummi hat noch allerhand weitere Überraschungen in der Schublade. Sei' s drum.

Das, neben den vielen anderen Indizien, bestätigt aber meine Theorie, dass es neben US-Entwicklungsprogrammen aus Kriegsbeute, siehe Foo-Fighter, Glocke, Diskus, was in Deutschland abgegriffen wurde, noch ein zweites Programm gibt. Die Verwendung außerirdischer Technik, die Nutzung eines oder mehrerer Alien-Fluggeräte. Dies könnte möglicherweise der "Snowbird" sein. In wie weit die Aliens die Nutzung des Gerätes eingeschränkt haben, um interstellare Flüge zu verhindern bleibt außen vor. Der Vergleich aller genannten Fälle lässt nur diesen einen Schluss zu. Die Bestätigung außerirdischer Technik in Menschenhand.

PRÄSIDENTEN UND ALIENS

In unseren bisherigen Betrachtungen haben wir nunmehr einen Überblick über die Geheimprojekte des 3. Reiches und Ihrer Erben, den diversen Geheimorganisationen der USA.

Im Zentrum des Interesses steht jetzt der Einfluss außerirdischen Lebens, und den verbliebenen unidentifizierten Flugobjekten. Der begründete Verdacht, dass die kriegführenden Mächte unter Beobachtung standen, dass Geschäfte mit Technik getätigt wurden, haben wir in den vorherigen Kapiteln weitestgehend sicherstellen können.

Dem UFOlogen Richard Dolan, Mitglied der US-Organisation MUFON, gelang es vor einigen Jahren ein Interview mit einem ehemaligen Geheimdienstmann zu führen. Dieser ehemalige Agent, dem sein todgeweihter Gesundheitszustand deutlich anzusehen war und im Internet noch ist, erzählte folgende Geschichte.

Präsident Eisenhower erhielt in den 50ern Kenntnis von einem lebenden Außerirdischen der in Area 51 gefangen gehalten wurde. Mit der Drohung, eine Division Infanterie einmarschieren zu lassen wurde ihm dann zähneknirschend Zugang gewährt. Über den Kontakt von Präsidenten und Alien ist nichts bekannt geworden. Das Dolan-Bassett-Interview ist immer noch abrufbar bis jetzt. Kann da was Wahres dran sein? Über diverse Lügen und Täuschungsmanöver habe ich ja schon berichtet.

Da gäbe es noch etwas hinzuzufügen. Es könnte die Bestätigung sein, dass die Eisenhowergeschichte wahr ist. In den achtziger Jahren wurde im ZDF ein Bericht gezeigt. Längst vergessen, ich rekapituliere.

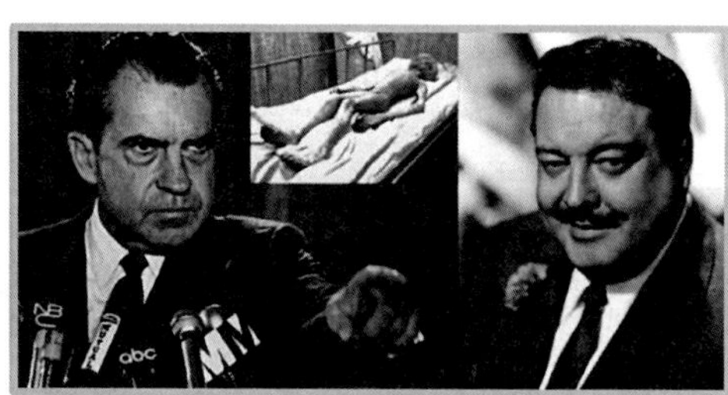

US Präsident Nixon und Schauspieler Jackie Gleason

Der US-Schauspieler Jackie Gleason war gut befreundet mit dem damaligen Vizepräsident Richard Nixon. Dieser lud ihn eines Tages zu einem Ausflug ein. Ziel war ein Militärgelände. Der Ausflug endete mit einem völlig aufgelösten Schauspieler der behauptete er hätte einen Außerirdischen gesehen. Ob lebendig oder tot kann ich nicht mehr verifizieren. Dieser Blick in die Mottenkiste der Fernsehunterhaltung sollte jedoch die vorher erwähnte Angelegenheit Eisenhower bestätigen können. Der Nachfolger von Eisenhower als

US-Präsident wurde jedoch nicht sein Vize Nixon, sondern ein charismatischer gutaussehender Weltkriegsoffizier. Irisch-katholischer Abstammung. An seiner Seite eine modebewusste First Lady die den Geschmack der Zeit traf. Die Abkürzung JFK ist heute noch in aller Munde. Denn hinter dem Kürzel JFK steht eines der bekanntesten Attentate der Weltgeschichte. Was hat das mit dem Thema UFO zu tun

– Verrückt –.

Wir werden sehen.

VERSCHWÖRUNGSTHEORIE VERSUS MOTIV

Charismatisch, jung und ein Kriegsheld, J F K – Das Volk liebt ihn.

Ein Mann wurde im Auto erschossen. Ein Präsident. Den Tatort kennt jeder aus unzähligen Berichten, Filmen, Abhandlungen. Dallas im November 1963. Wenn da nicht die Tatsache gewesen wäre, dass Kennedy elf Tage vor Tag-X die UFO–Unterlagen angefordert hätte. Wie wir jetzt aus den vorherigen Kapiteln wissen wären diese Unterlagen reichlich brisant. Oder sagen wir eher pures Dynamit. Alienkontakte, Geheimwaffen, Nazi-Beute, möglicherweise Geschäfte mit Technik. Reichlich Leichen im Keller der Eisenhower-Administration. Dazu ein Präsident, schmerzmittelsüchtig, sexsüchtig, unberechenbar aber ein Volksheld in seiner jugendlichen Dynamik. Klar, dass sich da in bestimmten Kreisen die Angst ausbreitete.

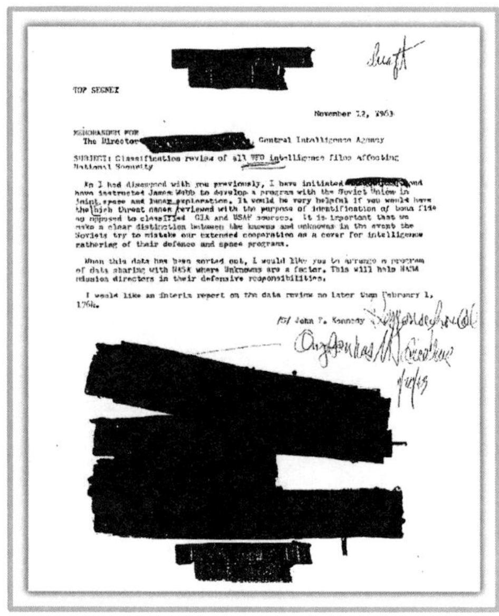

TOP SECRET

November 12, 1963

MEMORANDUM FOR
The Director, Central Intelligence Agency

SUBJECT: Classification review of all UFO intelligence files affecting National Security

As I had discussed with you previously, I have initiated and have instructed James Webb to develop a program with the Soviet Union in joint space and lunar exploration. It would be very helpful if you would have the high threat cases reviewed with the purpose of identification of bona fide as opposed to classified CIA and USAF sources. It is important that we make a clear distinction between the knowns and unknowns in the event the Soviets try to mistake our extended cooperation as a cover for intelligence gathering of their defence and space programs.

When this data has been sorted out, I would like you to arrange a program of data sharing with NASA where Unknowns are a factor. This will help NASA mission directors in their defensive responsibilities.

I would like an interim report on the data review no later than February 1, 1964.

/s/ John F. Kennedy

Das Dokumen, die Anforderung – das Totelurteil?

Schüsse fielen in Dallas und präsentiert wurde ein Täter, der wie die Faust aufs Auge passt. Russlandemigrant, mit russischer Frau zurückgekehrt. Der Begriff der „Schläfer“ dürfte im Geheimdienstjargon geläufig sein. Die Schüsse kamen aus einem Gewehr, Typ Mannlicher-Carcano, angeblich drei Kugeln. Zufälligerweise wurde die Tat gefilmt. Die magische abgeprallte Kugel, die den Präsidenten durch den Hals traf und dem Senator das Rückgrat zerschmetterte kann durchaus Realität sein. Der tödliche Treffer kam jedoch von vorne, abgegeben von hinter einer Bretterwand. Wenn es denn eine Patrone gäbe, die in den Schädel von hinten eindringen könnte, wenden und ein Stück von der Schädelplatte herausreißen könnte, würde ich ja an den Täter Lee Oswald glauben.

Ein Geschoss, das mit geringster Spur im Gesicht eindringt, dann explodiert und die genannte Schädelplatte rausreißt, das gab es.

Weiter in den Ermittlungen. Lee Harvey Oswald wurde bald darauf beseitigt. Täter war ein schwer krebskranker Mafioso namens Jack Ruby.

Lee Harvey Oswald – Sekunden später war er tot.

Nun wird es wieder militärgeschichtlich.

Es war im Frühjahr des Jahres 1942 als sich in den New Yorker Docks ein Oberst des Marinegeheimdienstes mit einem Herrn Salvatore Luciano traf, sein Spitzname „Lucky". Beruf: Auftragsmörder. Durch Leistung aufgestiegen in der Mafiahirarchie. Vereinbart wurde eine umfangreiche Zusammenarbeit beim künftigen Italien Unternehmen.

Benito Mussolini war bestimmt kein Engel vor seinem katholischen Herrn aber mit der organisierten Kriminalität wurde aufgeräumt im faschistischen Italien und das gründlich. Die Mobster waren sicher verwahrt. Nach der alliierten Landung, Kapitulation und Seitenwechsel der einstigen Achsenmacht waren die alten Paten alle wieder in Amt und Würden, fuhren dicke Amischlitten und gingen den alten Geschäften nach. Den Besatzungsoffizieren ging es aber auch nicht schlecht. Die Paten sorgten für ihre Schützlinge.

Wenn wir jetzt ein Fazit der Ereignisse ziehen. Könnte es sein, das gewisse Kreise, aufgeschreckt durch die Anforderung der UFO-Akten durch einen unberechenbaren Präsidenten, alte Freunde um Hilfe gebeten haben?

War das jetzt eine neue Verschwörungstheorie oder ein realistisches Motiv auf Grundlage der bisherigen Ausführungen?

FREMDE ODER FREUNDE

Echt oder Fake? – Doch beinflußt es unser Bild von Aliens

Die UFOlogie und ihre Dokumentation kennt unzählige Ereignisse, unglaubliche Phänomene, geheimnisvolle Lichter und Begegnungen mit offensichtlich außerirdischem Leben. Die Geschichten sind so vielfältig. Sexabenteuer, Entführungen, Untersuchungen, körperliche Schädigungen, Alienhybriden, Flugobjekte im Weltraum und so weiter. Dazu kommen die Trittbrettfahrer, die sich mit phantastischen Storys und gut gefälschten Bildern Einnahmen und Ruhm erhoffen oder einfach nur geltungssüchtig sind. In diesem Dunstkreis der unheimlichen

Begegnungen, Lichter und Vorkommnisse tummeln sich auch die geheimen Dienste und ihre noch geheimeren Projekte samt ihren Fehlschlägen, die dann nicht mehr so geheim sind. Das waren dann die Außerirdischen. Hugo war's!! Wenn wir den Fernseher einschalten ist uns seit „Stargate“ sogar unsere Galaxis schon zu klein.

Wobei die niedlichen, schlauen kleinen „Asgard“ den sagenhaften „Grauen“ den „Grays“ sehr ähnlich sind. Viele reale Zeugen einer Begegnung berichteten davon. Die einschlägigen Gerüchte hierzu besagen diese „Grays“ kämen aus dem Sonnensystem Epsilon Eridanus, mit kosmischen Maßstäben gesehen also nicht weit weg von der Erde. Sehr vorsichtig gesagt.

Vielleicht noch ein kleines Detail dazu. Ein englischer Computerhacker, Gary McKinnon, drang zu Beginn der 2.000er Jahre in NASA und Pentagoncomputer ein. Er berichtete unter anderem über das Projekt „Sigma". Telepathische Kontaktaufnahme durch Menschen mit Aliens. Sigma ist das griechische „S“. Die Informationen über das Projekt „Snowbird“ kamen auch aus dieser Quelle und noch viel mehr. Dazu die Bestätigung der Schwerkraftreduzierung auf 19%. Ich persönlich glaube, das McKinnon noch etliche Informationen als Lebensversicherung zurückhält. Ist nur meine Meinung. Ebenso wie die, dass wir hier in einem Misthaufen stochern, der zum Himmel stinkt oder besser ins Weltall.

Also stochern wir mal!

Da gab es in den X-Akten den Bericht eines ehemaligen Sergeanten, Clifford Stone, ausgebildet zur telepathischen Kontaktaufnahme mit Aliens. Das sowohl West als auch Ost parapsychologische Studien betrieben und wohl auch noch betreiben, ist schon länger kein Geheimnis mehr. Er erzählte, dass er am 25.April 1965 einem in einer Militäranlage inhaftierten Alien zur Flucht verholfen hat.

Sergeant Clifford Stone

Das kann man im Internet einsehen. Hier kann sich jeder selbst ein Bild machen von der Person. Oder der Vorfall in Socorro, New Mexico, als der Streifenpolizist Lonnie Zamora einem eiförmigen UFO nebst kleinen Aliens begegnete. Er ist meines Wissens der einzige Vorfall dieser Art, der nicht offiziell dementiert wurde, als Hirngespinst abgetan oder als Kugelblitz oder sonst was. Irgendwie erinnert mich dieser Vorfall aber an den eingangs erwähnten Fall in den 30-ern in Niederschlesien mit dem Mädchen und ihrer Tante.

Ebenso schwer zu widerlegen ist die Barney und Betty Hill Entführung am 19. September 1961 in New Hampshire. Genauere Aussagen erfolgten erst Jahre später unter einer Rückführungshypnose. Unwiderlegbare Tatsache aber war, dass das Objekt auf dem Radar war! Nach einer nachgezeichneten Sternenkarte und den Angaben der Fremden kamen diese aus dem Doppelsternsystem Zeta Reticuli. Was mir an der Sache aufgefallen ist. Barney Hill ist stärker pigmentiert als seine Ehefrau. Weiter südlich in den USA wäre er längst kastriert und seine edlen Teile im Mississippi versenkt worden. Wahrscheinlich zusammen mit ihm selbst. In jedem Fall, sogar im liberalen Neuengland war Mundaufmachen in dem Fall gefährlich.

Phil Schneider berichtet über sein Treffen mit Aliens.

Gehen wir mal in die 90er Jahre. Ein Geologe namens Phil Schneider trat vor die Kamera und berichtete unglaubliches. Er war für die Regierung tätig in einer unterirdischen Anlage und durchbrach irgendwie eine Mauer und fand sich in einem Raum voller Aliens wieder nebst anwesenden Marineinfanteristen. Schneider zog seine Pistole und erschoss den erstbesten Alien worauf ein Feuergefecht begann bei dem Schneider erhebliche Verletzungen von Strahlwaffen davontrug. Der Marineinfanterist, der ihn herausgeschleift hatte, hat die Sache nicht überlebt. Normalerweise würde ich jetzt zu gähnen beginnen, mich nach einem halben Bier umsehen und dem Fernsehprogramm.

Weit gefehlt.

Schneider zeigte die abgebrannten Finger seiner linken Hand und Brandwunden an der Brust. Etwa ein Jahr später war Phil Schneider tot. Mit einer Schnur, so kolportiert, soll er sich in seinem Pflegeheim erdrosselt haben. Klarer Fall von Selbstmord. Hier übertrieb er seine Aussagen in dem er sich mit einer Schlinge erdrosselt hat – oder worden ist. Nein, nein, die Wortwahl ist mit bedacht gewählt worden. Einfach mal ins Internet gehen und ansehen.

Eine unglaubliche Leistung mit seiner verstümmelten Hand. Da war das berühmte CSI wohl auf Betriebsausflug in Disneyland. Oder Phil Schneider ist wegen Mordes an einem US-Neubürger zum Tode verurteilt worden.

Wenn diese und andere Berichte gelöscht werden würden, dann käme das einem Geständnis gleich. Eine Bestätigung fand sich eines Tages in den X-Akten archiviert von MUFON. Ein anonymer Anrufer erzählte, er habe zufällig in einer unterirdischen Anlage einen Alien gesehen, in demselben Raum eine Frau, eingesperrt, die in seinem Heimatort vermisst gemeldet war. Er verschwindet jetzt für immer von der Bildfläche. Good Bye. Ich bin auch der Meinung, dass es gut war, diesen Anruf zu archivieren.

Bei der Gelegenheit sollte der geneigte Leser sich mit den Viehverstümmelungen in den letzten Jahren des alten Jahrtausends befassen. Aliens werden wohl keine schweren

Hubschrauber anmieten für diesen Zweck, aber vielleicht laufen wieder Geschäfte. Wer braucht einen Anus? Selbst wenn es der von einem Rindvieh ist.

Den Streifzug durch Militärgeschichte und UFO-Beobachtungen möchte ich abschließen mit einer Begegnung am 17. November 1986 über Alaska. Der Flug 1628 der Japan Airlines mit einer Ladung Beaujolais über den Nordpol nach Japan. Ein Frachtflug, wie zig andere auch.

Flugkapitän Terauchi

Doch Flugkapitän Terauchi sollte eine Beobachtung machen, die nicht alltäglich ist. Normalerweise heißt es unter den Piloten „...wenn du was siehst was nicht normal ist, halt das Maul!".

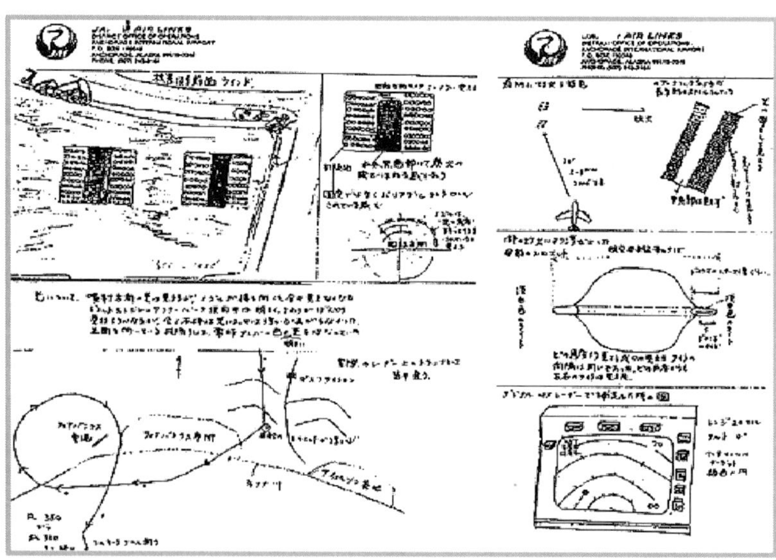

Doch Terauchi war von anderem Kaliber. Er berichtete von einem riesigen UFO, größer wie zwei Flugzeugträger und er zeichnete und beschrieb.

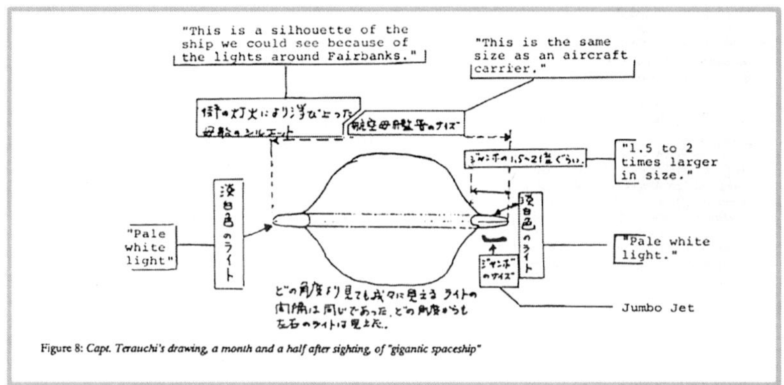

Figure 8: *Capt. Terauchi's drawing, a month and a half after sighting, of "gigantic spaceship"*

Ein Mutterschiff, ein Generationenschiff? Die Erde zu besiedeln? Wer weiß, wie lange unterwegs? Doch statt keulenschwingenden Neandertalern fand man eine Milliarden-zivilisation. Kann dieser Weg zu Phil Schneider führen? Der Verdacht ist nicht von der Hand zuweisen. Abgesehen davon das sowieso alles der Geheimhaltung unterliegt. Wie ich gehört habe beläuft sich der amerikanische schwarze Etat für Geheimprojekte auf über 56 Milliarden Dollar.

Die UFOlogie wird diese Spuren sicher weiterverfolgen. Ich hoffe vernünftigerweise unter Einbeziehung der Militär-geschichte.

Jetzt werfen wir doch mal unsere Denkmaschine an und überlegen, was wäre, wenn der Vorfall 1986 tatsächlich die Ankunft eines Generationenschiffes von Irgendwo war. In dem Zusammenhang denke ich auch an das so genannte "Wow-

Signal" das in den Siebzigern irgendwo aus dem Kosmos empfangen wurde. Könnte es einen Zusammenhang geben?

Oder aber.

Mir ist da noch etwas aufgefallen. Kapitän Terauchi beschrieb am Mittelwulst des Objektes an den Seiten eine Art rundes Energiefeld. Just das gleiche beschrieben Bamey und Betty Hill unter Hypnose an dem wesentlich kleineren Objekt, in das sie entführt wurden. Das Generationenschiff im Meer verschwinden zu lassen wäre eine leichte Übung. Die Aliens in einer weitläufigen unterirdischen Anlage unterzubringen sicher auch. Wo vielleicht die Vorausabteilung schon Quartier gemacht hat. Wo vielleicht in den Neunzigern ein Phil Schneider reinstolpert und einen Alien über den Haufen schießt. Gerettet wird, das Maul nicht hält und dann abgekragelt wird. Sollte das stimmig sein so wundert es mich, dass es da keine neueren Vorfälle gibt. Da leben ganze Berge von Aliens irgendwo unterirdisch in der Wüste und es passiert nichts. Komisch.

Da fällt mir noch etwas ein, wieder nach Hollywood. Ein Film von 1990 mit James Caan und Mandy Patinkin. Spacecop LA hieß der hier in Deutschland. Später wurde noch eine Serie nachgeschoben. Alien Nation. Das ganze beschrieb auch eine Bruchlandung eines großen Alienschiffes natürlich in den USA. ... Ob ich jetzt schon Gespenster sehe, ja das frage ich mich auch.

RONALD REAGAN

Präsident Reagan wusste er mehr zum Thema Aliens?

Präsident der USA von 1981 bis 1989. Im Amt im Jahre 1986 während des Alaska- Zwischenfalles, den wir nunmehr von vielen anderen Vorfällen separieren konnten. Ich zitiere Präsident Reagan in seiner Rede vor der 42. UN Vollversammlung 1987:

„Vielleicht brauchen wir erst eine universelle Bedrohung von außen, damit wir unserer Gemeinsamkeiten bewusst werden. Ich denke gelegentlich daran wie schnell die Unterschiede auf unserer Welt verschwinden würden, wenn wir es mit einer fremden Bedrohung zu tun hätten, die nicht von unserer Welt stammt".

Dies soll nicht die einzige Äußerung Reagans zum Thema Aliens gewesen sein. Wusste er mehr davon? Was wussten seine Nachfolger? Wie ist der aktuelle Stand der Dinge?

Die Administration Reagan initiierte das Programm „Solar Warden". Auch diese Kenntnis verdanken wir dem Ufo-Hacker Roy McKinnon. Zusammen mit einer „Liste der außerirdischen Offiziere". Das Programm mit der Bezeichnung Solar Warden bezeichnet nach McKinnon die US-Weltraumstreitkräfte. Das Programm mit der Bezeichnung „Aquarius", dass zusammen mit den schon erwähnten „Snowbird" und „Sigma" durchgesickert ist, dürfte für eine Art Exopolitik stehen. Dies auch nach den Berichten von McKinnon. Die amerikanische Seite hat vehement seine Auslieferung gefordert.

Verdächtig vehement. Das Vereinigte Königreich hat dies jedoch bisher kategorisch abgelehnt.

DIE DRITTE ART, EINE VERSCHWÖRUNG?

Was ist dran an der unhemlichen Begegnung – War schon der erste Kontakt?

Allen J. Hynek, der Urvater der Ufo-Forschung hat uns drei Kategorien in Sachen unheimlicher Begegnungen hinterlassen. Die dritte Kategorie bezeichnet den direkten körperlichen Kontakt mit außerirdischem Leben. Es gibt viele Beispiele von Begegnungen zwischen Menschen und Alien. Allerdings ebenso viele Lügen.

Wir versuchen hier eine Trennung. Wohl zum ersten Male in der Geschichte von UFOlogie und Militärgeschichte. Warum ist noch niemand auf die Idee gekommen, dass sich Geheimdienste und ihre Projekte hinter der Fassade des Unglaublichen verstecken.

Als Heimat der Aliens wird Epsilon Eridanus oder das Doppelsternsystem Zeta Reticuli kolportiert, oder auch unser Nachbar Alpha und Proxima Centauri. Wobei in der Umlaufbahn um Proxima Centauri ein Planet in der habitablen Zone gefunden wurde. Nach Clifford Stone soll es über 50 bekannte außerirdische Rassen sein, von denen man Kenntnis hat.

Was zum Teufel verschweigt man uns?

Nur mal eine Frage. Wie viele Menschen verschwinden jedes Jahr spurlos? In den USA, in Europa, oder in Asien, oder in Afrika. Interessiert das überhaupt jemand? Denken wir doch mal an den Vorfall auf der Halbinsel Gallipoli.

Anderes Beispiel: Der sexuelle Missbrauch einer Frau durch einen Alien nach einer gründlichen gynäkologischen Untersuchung. Nach Aussage der Frau verwendete der Alien eine Salbe vor der Vergewaltigung, die ihr den Vorgang angenehm machte. Was auffällig dabei ist. Ein entsprechendes Vaginalmittel steht uns irdischen noch nicht so lange zur Verfügung.

Warum hat er so was? Ein Vaginalmittel. Macht ihm das Spaß mit den Menschenfrauen und macht er das vielleicht öfter? Das entsprechende Interview, mit dem Opfer überliefert von John Spencer in seinem Buch, liegt vor. Er sieht es glaubwürdig. Na gut, der sexuelle Missbrauch von Primaten oder ähnlichem durch Menschen ist ja auch eine Tatsache. Aber das die Aliens die gleichen Saubären sind, oh, oh. Warum bringt mich der Gedanke an das älteste Gewerbe der Welt schon wieder auf den Trichter mit den Geschäften. Kann meine Phantasie so schmutzig sein wie die Wirklichkeit?

Die Züchtung von Mensch-Alien-Hybriden war des öfteren Gegenstand von Berichten wobei die Befruchtung eher künstlich erfolgte. Liebesgeschichten waren aber auch dabei. Kann man das alles glauben? All die Storys und Geschichten? Wir müssen die Spreu vom Weizen trennen, dann ja. Das kann jetzt hier ein Lichtjahr lang fortgesetzt werden. Sichtungen, Entführungen, Trittbrettfahrer, Abkassierer, Aufschneider, Lügner, Betrüger, aber auch ehrliche Menschen, Opfer, und Personen die ein Leben lang unter ihrem Erlebnis, wie auch immer, gelitten haben.

Wer erforscht die Wahrheit – Die Aufgabe der Ufologie und Militärgeschichtler?

Eines aber steht fest. Wir sind nicht allein.

All die Aktenschränke mit Unterlagen aufbewahrt in den Archiven von Mufon, dem Mutual-Ufo-Network. Berge von Aussagen und Sichtungsberichten aus den letzten 50 bis 100 Jahren. Wenn wir nun unser neu gewonnenes Wissen über Weltkriegsbeute und Geheimdiensttätigkeit in Abzug bringen. All die Lügner und Geltungssüchtigen aussortieren. Hollywood vergessen. So verbleibt immer noch genügend Material um diese These zu bestätigen. Nein, ich bin mir absolut sicher in meiner Ansicht. Wir können nicht allein sein bei all dem erlebten.

Meine Meinung ist, sie sind unter uns und bei uns.

Ob sich der geneigte Leser dieser Meinung anschließt bleibt ihm überlassen. Und wenn, wie unterwandert sind unsere Regierungen? Und wenn, wie unterwandert ist die Regierung des Landes, das am meisten von außerirdischer Technik profitiert hat?

Die USA.

RAßPLATA MIT EINER GROßMACHT.

Englische Jagdflugzeuge mit Foo-Fighter

Kapitän Semjonow war zur Zeit des russisch-japanischen Krieges Kommandant des Kreuzers Diana. Nach dem verlorenen Krieg schrieb er eine Abrechnung, eine Raßplata, so der Titel des Buches. Er rechnete mit allen Fehlern und Schwächen des Zarenreiches ab. Versuchen wir das doch auch mal mit dem wahren Sieger des 2. Weltkrieges.

Das die Geschichte uns immer neue Überraschungen bietet wissen wir ja. So eine Überraschung war 2019 die Nachricht, dass die amerikanische Funkentschlüsselung bereits 1941 in der Lage war den sogenannten Purple-Code der Japaner zu entschlüsseln. Das alle anderen Codes geknackt waren, das war mir bekannt, ein alter Hut. Die Purple-Geräte waren äußerst selten. Ein Fragment wurde in der zerstörten Botschaft der Japaner in Berlin gefunden. Das die Funktion des Gerätes auf der Basis einer Telefonanlage verschlüsselt, war den Experten in den USA nicht bekannt. Wohl aber hatten sie es geahnt und ein entsprechendes Gerät gebaut. Das war wirklich eine große, respektable Leistung, unbestritten!

Was heißt das nun auf Normaldeutsch. Der Angriff auf Pearl Harbour war von der Planung an bekannt. Sechs Flugzeugträger samt Begleitung, das geht nicht im Kofferraum eines Autos zu verschieben. Also wurden über dreiausend Amerikaner einem Kriegsgrund geopfert. Ich empfinde das Arizona-Denkmal als ein Denkmal der Schande. Im Übrigen hat die USS Ward mit ihren Schüssen und Wasserbomben auf ein japanisches U-Boot die Kampfhandlungen im Pazifik eröffnet. Das die Japaner durch das von den USA verhängte Embargo entweder klein beigeben oder angreifen mussten, wie am 8. Februar 1904, war logisch.

Die Embargo-Garotte kennen wir ja. Wird heute auch noch gerne genommen. Japaner waren keine Unschuldslämmer, und haben in China Greueltaten begangen, die selbst hartgesottene SS-Männer erschauern ließen. Ist ja auch weitestgehend bekannt. Nur war in Japan nichts zu erbeuten. Halt, doch, die Ergebnisse der Experimente mit zig hunderttausenden Chinesen. Die Feldwebel wurden aufgeknüpft, die Chefs nach USA nebst Unterlagen. Dafür umso mehr Beute in Nazi-Deutschland. Also deswegen Germany first. Darf ich an dieser Stelle noch über alle deutschen Patente sprechen, die nach USA verbracht worden sind, nach der Stunde Null. Für nix. Wehe den Verlierern. Wir

Deutschen haben nur Glück im Unglück gehabt, damals 1945. Dazu kommt die Quintessenz dieses Buches.

Die Antigravitation, die Plasmadrohnen genannt Foo-Fighter, Alientechnik, mit großer Wahrscheinlichkeit eine Flugscheibe außerirdischer Herkunft, dazu die Übernahme des Handelsgeschäfts mit den Aliens.

Diese Nation USA, die im Krieg mit Spanien 1898 gelernt hat wie man mit Eroberungen Geld verdient und Macht gewinnt. Diese Nation, die für ihre Ureinwohner Gefangenenlager gebaut und Völkermord filmreif gemacht hat. Eine Nation der Bürgerrechte, der Millionäre, der Waffenlobby, wo es vielen Menschen so gut geht, wie den Negern in Alabama. Einzig die Vietnamesen haben ihren Besatzern mit Hilfe des Dschungels und China die Stirn geboten. Um welchen Preis aber. Denken wir an "Agent Orange" und den Folgen für die Vietnamesen.

Wenn ich an Pearl Harbour denke, wo die Flugzeugträger rechtzeitig in Sicherheit gebracht wurden, so denke ich auch an Nine/Eleven wo die Maschine, die auf das weiße Haus stürzen sollte, ausgerechnet abgestürzt ist. Na, so ein Glück. Auch wieder dreitausend Tote für einen Kriegsgrund. Nun gut, der extreme Islamismus ist eine Gefahr. Wie jeder menschenverachtende Extremismus. In Anbetracht der Ereignisse und keinesfalls ohne Respekt vor den Opfern in den Twin-Towers pflege da immer einen Witz zu erzählen den ich Ihnen nicht vorenthalten möchte. Sitzt ein Bauer im Wirtshaus beim Bier. Kommt der Wirt. "Du, Bauer, dein Stall brennt" worauf dieser aufschaut " ... was, jetzt schon!" Warum muss ich da immer an George Bush junior denken?

Und wenn man denkt, schlimmer geht's nimmer. Fragen wir doch mal in Berlin im Kiez nach was geht. Ey Macker, wie voll die krasse Adolf, machste Vertrag mit die Ami issa wie die Scheißpapier. ...

Irgendwie kann ich da nicht mehr darüber lachen.

Darf ich an dieser Stelle nochmals an die lückenlose Überwachung erinnern, durch Satelliten und durch den so gut wie unsichtbaren "BAT" und seine Tarnvorrichtung.

Ich will aber nicht ungerecht sein bei meiner Abrechnung mit den USA. In den Tagen der deutschen Wiedervereinigung war es ebenso der "BAT" dessen Anwesenheit in Belgien und dessen phantastischer Flugshow mit seinem plasmamagnetischen Antrieb der drohenden Meuterei der russischen Westgruppe abträglich war.

Danke dafür.

DIE MENSCHHEIT IM SPIEGEL.

Wie gefährich sind wir? – Was haben wir zu bieten?

Bevor wir nun den Sack zumachen, samt Inhalt von Fledermäusen, Nazi' s, Präsidenten, Grey' s, Geheimdienstagenten und sonstigen Protagonisten möchte ich noch mal einen Blick in die Geschichte tun. Wir sehen die Menschheit vor dem Kontakt mit dem Kosmos und ihrer Biologie.

Aber wer sind wir, was haben wir zu bieten? Was lehrt uns die Geschichte oder besser was zeigt sie auf. Stellen wir uns den Tatsachen. Krieg, Mord, Vergewaltigung, Gier, Plünderung, Qual und Spass daran. Beute, Raub, Macht.

Die Ausführenden Kräfte, das Militär. Unter dem Befehl von Monarchen, Präsidenten, Diktatoren, Geisteskranken was auch immer. Im Namen einer Religion egal welcher, Plündern, Morden, Vergewaltigen. Für Gold, für eine Weltanschauung, für die Macht, das sind wir Menschen. Brutal zu Tieren wie zu Mitmenschen.

Gehen wir mal in die Geschichte. Die Eroberung Südamerikas, die Conquistadores und die Plünderung eines ganzen Kontinents ganz zu schweigen von der Inquisition.

Die Kapitulation der Inka – Das Böse an der Geschichet ist, dass sich alles wiederholt

Das Land von Freiheit und Coca-Cola? Auch nicht besser. Die Vernichtung der Ureinwohner. Verträge mit den Indianern so lange der Wind weht und der Büffel scheißt? Bis der nächste Siedlertreck kam. Der schäbige Rest der Indianer wurde dort angesiedelt wo kein Grashalm wächst und nur schwarze Pampe aus der Erde kam.

Erdöl, shit, weg mit dem Pack.

Ist ein Reservat denn was anderes als ein Gefangenenlager? Dazu die Hollywoodselbstbeweihräucherung. Was für eine Wortschöpfung.

Geht schon noch weiter, Napoleon' s Feldzüge, Die Sklaverei, die entsetzlichen Grausamkeiten der Japaner in den dreißiger Jahren in China? Dazu unsere eigene deutsche Vergangenheit. Oder die zwei Opiumkriege im 19. Jahrhundert, ja auch die Engländer und ihr Empire hat gewaltig Dreck am Stecken.

Das kann man noch beliebig fortsetzen. Rassismus, Tierquälerei, Umweltzerstörung. Ist das Recht des Stärkeren die Biologie des Kosmos?

Dann kommt ein Wesen aus dem Weltall zur Erde, zu uns, den gefährlichsten Tieren, die der Planet je hervorgebracht hat.

Mir wird kalt bei dem Gedanken.

Was denkt der Alien, wenn wir ins Weltall aufbrechen.

Mir wird's noch kälter

Na gut, sehen wir uns doch mal ein Szenario an.

Der Dreckhaufen von Menschheit ist in Kenntnis der interstellaren Raumfahrt gekommen. Wir landen auf einem fremden Planeten mit einer hochentwickelten Zivilisation. Shakehands, oder shake Tentakel oder was auch immer. Der erste Kontakt ist geknüpft. Soweit gut. Das nächste Raumschiff, das ankommt bringt eine Regierungsdelegation mit. Im Gefolge dabei eine Reihe von Managern und Industriegrößen, die sich umsehen wollen, was es abzustauben gibt. Glasperlen werden sie wohl nicht mehr im Gepäck haben.

Als nächstes kommen die Botschafter des Heils, Vertreter des einzig waren Glaubens um die Heiden und Ungläubigen auf den rechten Pfad zu bringen. Von den Militärs, die sich nach neuen noch tödlicheren Waffen umsehen wollen gar nicht zu sprechen.

Mit dem ersten Touristenraumschiff kommen die Nachfahren der Herren Alfonso Capone, Salvatore Luciano und John Dillinger. Im Kabelgatt, falls es so was gibt auf dem Raumschiff, einige Herren aus Kolumbien und dem goldenen Dreieck. Dazu all die Köstlichkeiten des geistigen Genusses. Amphetamine, Chrystal Meth, Heroin, Kokain, scheißegal. Die Herrschaften Aliens stehen auf Menschenfrauen?

Ja selbstverständlich! Ein Bordellraumschiff! Warum ist da noch niemand darauf gekommen? Wie lange wird es wohl dauern bis der erste unserer neuen Handelspartner mit eingeschlagenem Schädel aufwacht, oder besser nicht mehr.

Nicht lange, glauben sie mir.

Das ist einfach Tatsache. So sicher wie eins und eins zwei ist. Erwähnte ich schon die Geheimdienstler, die spionieren und abgreifen was ihnen in die Hände fällt? Das, meine Lieben, das sind wir Menschen! Gut, es gibt Ausnahmen. Aber sind es nicht die Ausnahmen, die die Regel bestätigen. Diesen Spiegel, muss sich die Menschheit vorhalten, wenn sie sich anschickt in den Weltraum aufzubrechen.

Wenn ich erwähnte, was denkt der Alien. So würde ich jetzt sagen, was tut der Alien?

Sie sind primitiv und gefährlich! – Können wir es trotzdem Versuchen?

Ich bin mir absolut sicher, wir stehen unter Beobachtung schon seit Anbeginn der Zeit. Seit der Mensch in der Lage ist seinem Nachbarn den Schädel einzuschlagen.

Nach all den Berichten über Alien-Mensch-Kontakte bin ich der Meinung das es viele Rassen im Kosmos gibt. Wie Clifford Stone sagt, sind es 57 Rassen. Natürlich erschließt sich mir nicht das Wissen der Geheimdienste, ebenso dem normalen Bürger.

Aber wir können die Puzzleteilchen zusammensetzen. Und wir können kombinieren.

Diese Menschheit wird nicht in den Kosmos aufbrechen, da bin ich mir völlig sicher. Das wird man von außerirdischer Seite zu verhindern wissen. Wohl aber bin ich der Meinung, dass sich die Menschheit weiterentwickelt zu einer Menschheit, die sich selbst achtet. Mit hohen moralischen Ansprüchen. Werten. Friedfertig, bereit zu lernen. Wo Worte wie Rassismus und Umweltzerstörung nur in den Geschichtsbüchern zu finden sind. Anstand, Ehre und der Schutz des Lebens Kernpunkte des täglichen Handelns sind. Das gilt auch im Umgang mit Tieren.

Nein, der Homosapiens hat im Kosmos nichts verloren. Das wird einer neuen Menschheit vorbehalten sein und die sehe ich noch sehr lange nicht.

Oder die Aliens sind dasselbe Gesindel wie wir.... –

Dann gute Nacht.

FEHLENDE PUZZLETEILE

Werden wir sie finden – und was dann?

Immer noch fehlen Teile in diesem Bild. Wie funktioniert die Antigravitation? Ich weiß nur, es gibt sie. Das schon seit dem 2. Weltkrieg. McKinnon hat das auch bestätigt. Dazu kommen die Flugmanöver der Objekte, die jetzt keine UFO mehr sind, die wir identifiziert haben.

Gab es Geschäfte zwischen Aliens und dem 3. Reich? Sind US-Behörden in das Geschäft eingestiegen. Gibt es diese Geschäfte heute noch in Anbetracht der Umstände wie viele Menschen jedes Jahr spurlos verschwinden.

War der Alaska-Vorfall ein „Independence Day“? Sind Außerirdische auf der Erde präsent?

Warum dürfen wir die Wahrheit nicht wissen?

Es wird eine Geschichte erzählt von und über Präsident Bill Clinton. Er soll die UFO-Unterlagen angefordert haben und nach deren Studium bleich geworden sein. Er hat weiterhin kein Wort mehr darüber verloren. War das der Grund für die Beseitigung von John. F. Kennedy? Wir haben Indizien, wir haben Zeugen, wir haben Motive, wir haben die eiserne Regel, dass nichts ohne Grund geschieht, ganz besonders im Krieg.

Bringt uns die Zusammenarbeit von UFOlogie und Militärgeschichte neues Wissen und Aufklärung? Und wenn, sind wir in der Lage dieses bislang geheime Wissen überhaupt zu verarbeiten?

Viele Fragen, wenig Antworten, neue Fragen, weiter auf dem Weg.... Na gut, ein bisschen klarer ist die Sache ja nun geworden.

ABSCHLIEẞEND UND DOCH NICHT

Unendliche Weiten – Sind wir dafür bereit?

An dieser Stelle möchte ich mich bedanken, dass Sie dieses Büchlein gekauft und gelesen haben. Es ist mir bewusst das sowohl UFOlogen als auch die etablierte militärgeschichtliche Hierarchie mit zweifelndem Blick und unverhohlener Abneigung diese Abhandlung aufgenommen haben werden.

Doch irgendetwas in ihrem Inneren wird den Leuten sagen das meine Argumentation doch nicht so ganz verkehrt sein kann. So viele Sichtungen, die ich nicht kommentiert habe, soviel

Ereignisse, die ich nicht berücksichtigt habe. Das soll sagen, nur zusammen bringen wir Licht ins Dunkel und ich erinnere noch mal an die „Aktion Ultra“ die uns so viel klar werden ließ.

Wenn Militärgeschichtler und UFOlogen in ihrer ganzen elenden Borniertheit und Nichtachtung es nicht fertig bringen sich an einen Tisch zu setzen, einsehen, dass ihrer beider Leidenschaften letztendlich zusammenführen. Das nur die Zusammenarbeit beider Gruppen Ergebnisse bringen kann in der Auswertung ansonsten unerklärlicher Ereignisse. Da weitergehen wo mein Weg zu Ende war. Dann werden wir niemals Licht ins Dunkel des unentdeckten Teils der Menschheitsgeschichte, auch der Militärgeschichte bringen.

Im Übrigen bin ich der Ansicht, dass das Ende des 2. Weltkrieges immer noch Rätsel offen lässt, die es zu lösen gilt. Ich denke speziell an das Atomprogramm und das mögliche vorhanden sein eines flugfähigen Diskus in der Abteilung Kammler.

Zankt nicht herum, sondern forscht nach!

Euer Oliver Tonio Stoll

DANKSAGUNG

Mein herzlicher Dank an den Verlag für die Unterstützung beim Aufbau dieses Büchleins.

Herzlich danken möchte ich meinen Kameraden

Anton Gruber, für die Nerven, die er mit mir ließ.

Dieter Rabold, den Zeitzeugen in Thüringen

Norbert für seine Geschichte aus Niederschlesien

An alle die, die mit ihrem Wissen und ihren Ermittlungen zu dieser Arbeit beigetragen haben. Diese erst ermöglicht haben.

Und an eine geheimnisvolle Lady für den Tip mit dem „BAT". Nebst an alle diejenigen die ich die Ehre hatte zu zitieren.

QUELLENANGABEN

„DAS GEHEIME DEUTSCHE ERBE“ DIE AKTE UFO

Inhalte in diesem Werk die vom Verlag erstellt wurden, werden die Urheberrechte Dritter beachtet. Insbesondere werden Inhalte Dritter als solche gekennzeichnet. Sollten Sie trotzdem auf eine Urheberrechtsverletzung aufmerksam werden, bitten wir um einen entsprechenden Hinweis.

Quellenangaben zu den verwendeten Bildermaterial.

Seite 11	Adolf Hitler	Die Welt.de
Seite 12	Karte 3. Reich	Wikipedia.de
Seite 13	Georg Patton	Youtube.com
Seite 15	Italy 1945 Foo Fighter	Uforesarchnetwork.probards.com
Seite 16	Die Eldridge	Wikipedia.org
Seite 17	Installation Eldrige	Wikipedia.org
Seite 17	Glocke	Welt.de
Seite 18	Fliegenfänger	Igor Witkowski.com
Seite 18	Viktor Schauberger	hexagonalwater.com
Seite 19	Repulsine	www.kheichhorn.de
Seite 25	14. Norfolk Regiment	Norfolk in Worldwar1.org
Seite 29	HO 229	Wikipedia.org
Seite 31	Nurflügler	Wikipedia.org
Seite 31	TF68	Brunodemarges.com
Seite 33	TF 68 Flugzeugträger	Brunodemarges.com
Seite 34	Top-Secret Dokument	Uforesarchnetwork.probards.com
Seite 36	Flugscheibe	Wired.com

Seite 39	Kenneth Arnold	Wired.com
Seite 40	Ufo absturtz	Wired.com
Seite 41	Reverent Huffmann	Wired.com
Seite 43	Foo Fighter	Are51.org
Seite 45	Endstation Kecksburg	The Ufo chronicels.com
Seite 47	Nazi Bell - Kecksburg	http://collective-news.xyz.com
Seite 47	Westall-High-School	Latest-ufo.com
Seite 49	Karte Einfalsrouten	istockphoto.com
Seite 50	Zeichnung Penniston	Ufocasehock.com
Seite 53	Mothmann	Ufocasehock.com
Seite 54	Man in Black	Youtube.org
Seite 57	USS Trapang US Navy	Hyper.net.com
Seite 58	Schwebendes Objekt	Hyper.net.com
Seite 61	Zeitungsbericht	Belg.Ufo.com
Seite 62	Zeichnung BAT	Belg.Ufo.com
Seite 63	Der „BAT" Fledermaus	Belg.Ufo.com
Seite 67	Der „BAT" unsichtbar	istockphoto.com
Seite 71	Der „BAT" getarnt	istockphoto.com
Seite 75	Geheimdienste	istockphoto.com
Seite 79	Die Lightshow	Uforesarchnetwork.probards.com
Seite 85	Air Base	istockphoto.com
Seite 87	The Conspiracy Files	Jason.mason.com
Seite 88	Jackie Gleason	Jonson mason.com
Seite 91	Kennedy	CNN.com
Seite 92	Kennedy Anforderung	Blogsnet.com
Seite 93	Lee Harvey Oswald	sputniknews.com
Seite 95	Alien	unbekannt
Seite 97	Clifford Stone	Facebook.com
Seite 98	Phil Schneider	Youtube.com
Seite 100	Kapitän Terauchi	Hinkabonit dos.com

Seite 101	Zeichnung - Terauchi	Hinkabonit dos.com
Seite 103	Ronald Reagen	Pixabay.com
Seite 105	Die dritte Art Begegnung	istockphoto.com
Seite 107	Wir sind nicht allein	istockphoto.com
Seite 109	Englische Jagtfluzeuge	www.disclose.tv
Seite 113	Wie gefährlich sind wir	istockphoto.com
Seite 114	Kapitulation Inka	Unbekannt
Seite 117	Was denk der Alien	istockphoto.com
Seite 119	Werden wir sie finden	istockphoto.com
Seite 121	Unendliche Weiten	istockphoto.com

Impressum:

Druck und Herstellung
Carl Gerber Verlag

Titelbild Idee

Norbert Miller
85290 Rottenegg

Unsere Romane & Erzählungen

Kreuzacker

Valentina Binders erster Kriminalroman nimmt den Leser mit auf eine spannende Reise quer durch das oft gespenstisch wirkende Donaumoos, im Dreieck zwischen Ingolstadt, Neuburg an der Donau und Schrobenhausen.

Taschenbuch Softcover (190 x 125, 226 Seiten)
ISBN: 978-3-87249-342-2

Blind Date mit meinem Leben

In einem Selbstgespräch vertraut der Autor täglich seinem Laptop an, wie er die Krise seiner Ehe erlebt und meistert. Der Laptop ist Klagemauer und Beichtvater. Mit dem Computer im Gepäck besteht er das „Blind Date" mit seinem Leben.

Ungewöhnliches Tagebuch (190 x 148, 292 Seiten)
ISBN: 978-3-87249-326-2

Tränen aus Marrakesch

Die Autorin schildert eindrucksvoll ihre Expeditionsreise mit 36 Touristen, die drei Wochen durch Marokko und Spanien führt. Geheimnisvolle Verschwinden von Ingenieur Moritz in der Oase »Zur blauen Quelle« bei Meski, drohende Berber in Chechaouen, Liebesnacht im Wüstenort Erfoud, geben der Geschichte Lebendigkeit und Leidenschaft.

Taschenbuch Softcover (190 x 125, 212 Seiten)
ISBN: 978-3-87249-330-9

Rote Grütze und Paganini

Millionen Menschen flüchten heute vor den Kriegsgräueln, vor Mord und Vergewaltigung. Genauso grausam erlebte die 19-jährige Dora mit ihrer Mutter die Flucht im Jahr 1945, kurz vor dem Ende des zweiten Weltkrieges. Die Reserviertheit der Menschen gegenüber den Flüchtlingen und die widerstrebende Aufnahme im dürftigen Quartier auf dem Lande prägen sich dem Mädchen tief ein.

Taschenbuch Softcover (190 x 148, 344 Seiten)
ISBN: 978-3-87249-342-2

GV

www.gerberverlag.de